叶明亮 叶鹏飞 编著

养育孩子，
父母不能不知道的那些事

Kids

海峡出版发行集团 | 福建少年儿童出版社

图书在版编目（CIP）数据

养育孩子，父母不能不知道的那些事 / 叶明亮编著.
-- 福州 ：福建少年儿童出版社，2018.4
ISBN 978-7-5395-6353-4

Ⅰ．①养… Ⅱ．①叶… Ⅲ．①亲子教育 Ⅳ．① G781

中国版本图书馆 CIP 数据核字（2018）第 027412 号

出 品 人：陈效东
选题策划：吴　娟
责任编辑：黄怡然
装帧设计：刘　亮

YANGYU HAIZI，FUMU BUNENGBU ZHIDAO DE NAXIE SHI

养育孩子，父母不能不知道的那些事

出版发行：海峡出版发行集团
　　　　　福建少年儿童出版社
http://www.fjcp.com　e-mail:fcph@fjcp.com

社　　址：福州市东水路 76 号（邮编：350001）
经　　销：福建新华发行（集团）有限责任公司
印　　刷：福州华彩印务有限公司
地　　址：福建省福州市福兴投资区后屿路 6 号
开　　本：889 毫米 ×1194 毫米　1/16
印　　张：15
版　　次：2018 年 4 月第 1 版
印　　次：2018 年 4 月第 1 次印刷
ISBN 978-7-5395-6353-4
定　　价：38.00 元

如有印、装质量问题，影响阅读，请直接与承印者联系调换

联系电话：0591-87911644

Foreword 序

书如其名，照亮他人

初次跟叶明亮接触，是在厦门市心理咨询师协会成立大会上，当时，他用自己长期从事新闻宣传工作的特长和人脉资源主动为协会做义务宣传工作，他给我的第一印象是：很热心也很有爱心，而且做事认真、负责。

在之后的交往过程中，知道叶明亮长期在部队和公安系统从事新闻宣传工作，做事很执着，一直把宣传工作当作事业来看待，很有干劲，在业界和单位都有很不错的口碑。后来，我又了解到他还非常勤奋好学，到了知天命的年龄了，还像年轻人一样参加了国家心理咨询师的培训考试，顺利取得了国家二级心理咨询师的资格。与很多考过证的人不同的是，工作之余，他还能学以致用，利用业余时间撰写了一本亲子教育的书稿。当他把书稿给我，请我为他写序时，虽略感意外，他居然能用短短的时间把所学的知识写成一本书！但转念一想，又在情理之中，这就是他的性格使然：凡事不做则已，要做就要尽量做到最好！

据我所知，这是厦门本地心理专家撰写的第一部亲子教育专著，这是很多热心的厦门心理专业人士想做却没有做成的一件事。

我们从事心理学工作的人都知道：每个孩子降临时都像纯洁的天使。为什么有的天使长着长着却变成了"熊孩子"呢？这跟父母的教育理念和教育方法有很大的关系，孩子是父母的镜子，有什么样的父母就会养育出什么样的孩子。可怕的是父母如此重要的角色，却可以无证上岗，而且还是终身制，一做就要做一辈子。

　　孩子是未来和希望，养育孩子是父母的天职，为了能够用所学的知识帮助更多的父母养育出优秀的孩子，叶明亮结合自身的实际，选择了以著书作为途径，传播科学育儿理念和方法，从实际个案入手，运用心理学的原理，提出贴近实际、简单易行、指导性、实用性强的具体方法。内容涉及心理"营养"、情商教育、智商培养、二孩相处之道、跟孩子说话艺术等方面，其中不乏国内独创的一些经典方法，例如：父母如何培养幼儿阅读能力的方法，就是叶明亮顺应幼儿身心发展的特点和规律，提出的一套科学的方法，父母若能根据此方法，将能轻松地帮助孩子养成喜欢阅读的良好习惯，让孩子受益终身。

　　养育孩子是需要科学的理念和方法的。叶明亮编写的这本书所传播的正是广大父母急切需要了解的养育孩子的科学理念和方法。相信本书就如同作者的名字一样，一定会照亮广大父母的心，让养育孩子变成一件轻松、愉悦的事。

厦门市心理咨询师协会常务副会长
心理学博士
李春苗
2017 年 12 月

Preface

前　言

　　世界上从业人数最多但又无需培训，无需取得资格证书就可直接上岗的职业是什么？

　　毫无疑问，肯定非父母或"家长"莫属！

　　"人之初，性本善"，孩子的天性都是向上、向善的，每一个孩子都像纯洁的天使，他们具有很强的可塑性，都是父母的作品：他们是天才还是庸才，跟他们父母的素质和教育理念、教育方法息息相关，有什么样的父母，就会有什么样的孩子。

　　都说"世上没有教不好的孩子，只有不会教的父母。"然而，父母如此重要的职业，居然能无证"上岗"，可见有多么荒唐。

　　"十年树木，百年树人"，儿童是祖国的花朵、国家的希望。教育应该从娃娃抓起，这说难也难，说易也易，关键是父母要掌握科学的教育方法。正如治疗疾病有灵丹妙药一样，教育孩子也有一定的方法和技巧。父母只要用心学习，大胆尝试，亲子关系就会越来越好，孩子的问题就会越来越少，家庭关系也会越来越和谐。

我长期从事新闻宣传工作，有比较扎实的文字功底；又是一位父亲，有一些教育的经验和方法希望跟大家分享。我具有心理学知识，希望给家长提供指导和帮助。本书以案例为切入点，用科学性、操作性和实用性俱强的教育理念和方法，为家长"开药方"，让更多的父母能花尽可能少的时间，尽可能多地学习亲子教育理念和方法，为培养祖国的花朵尽自己的一分力量。

　　我潜心总结自己养育孩子的实践经验。平时，则留意观察、密切关注身边发生的各种实际个案，在《海西晨报》上开辟了"叶叔聊育儿"专栏，交流、分享经验，解答读者遇到的各类亲子教育问题。本书没有空洞的说教，具有较强的针对性、实用性和操作性，希望能带给广大的父母更多的启发和思考。

　　在此，我要特别感谢我的儿子，在撰写本书的过程中，他协助我收集了大量的资料，并从读者的角度提出了富有建设性的意见和建议。父子通力合作，将亲子教育付诸实践，既密切了关系，又提高了书稿的质量。

叶明亮
2017 年 12 月

Contents 目 录

第一章　十四种心理营养素　1

第一节　爱　2
第二节　接纳　5
第三节　陪伴　7
第四节　安全感　11
第五节　尊重　13
第六节　信任　17
第七节　关注　20
第八节　倾听　23
第九节　宽容　27
第十节　夸奖　31
第十一节　肯定　34
第十二节　平等　37
第十三节　自由　41
第十四节　拥抱　44

第二章　早教助您的孩子如虎添翼　47

第一节　早教的科学依据　48
第二节　早教，教与不教天壤之别　52
第三节　抓住敏感期，教育事半功倍　58
第四节　避免陷入早教的误区　87

第三章　情商教育——培养孩子综合素质的基点　95

第一节　如何培养孩子的自我认知能力　97
第二节　如何培养孩子的情绪管理能力　100
第三节　如何培养孩子的独立自主能力　103
第四节　如何培养孩子的责任心　107
第五节　如何培养孩子的同情心　111
第六节　如何培养孩子的感恩之心　113
第七节　如何培养孩子的自我激励能力　115
第八节　如何培养孩子乐观开朗的性格　117
第九节　如何培养孩子抗挫折的能力　119
第十节　如何培养孩子人际交往的能力　122

第四章　父母怎么做或说，孩子才会更听话　127

第一节　父母与孩子建立良好亲子关系　130
第二节　父母蹲下来跟孩子说话　133

第三节	父母学会换位思考	135
第四节	父母把话说到孩子心坎上	137
第五节	父母不唠叨	139
第六节	父母说话算数	142
第七节	父母学会凡事跟孩子商量	144
第八节	父母不说伤害孩子自尊的话	145
第九节	父母充满爱意地跟孩子说话	148
第十节	父母说孩子听得懂的话	150
第十一节	父母经常夸奖孩子	152
第十二节	父母对孩子的爱要有节制	154

第五章 面对二孩，如何做称职的好父母 157

第一节	生二孩前，父母应该提前做好哪些心理准备	159
第二节	生二孩，高龄夫妇应注意哪些问题	161
第三节	同胞情深有妙招——如何让大宝从内心接纳二宝	163
第四节	大宝和小宝经常发生争执，父母应该怎么办	166
第五节	大宝经常欺负小宝，父母应该怎么办	168
第六节	两个孩子总是争宠怎么办	170
第七节	有了小宝后，大宝出现行为退化和叛逆的现象，应该怎么办	172
第八节	有了小宝后，如何发挥爸爸养育二孩的作用	174
第九节	大宝与小宝年龄差距较大时，父母需要注意	

　　　　些什么 177
第十节　隔代抚养对孩子的成长会有什么不利影响
　　　　及父母应该注意的问题 179

亲子育儿百科秒懂　　　　　　　　　　　　　　183

一、父母如何培养孩子良好的阅读习惯　　　184
二、孩子厌学，父母应该怎么办　　　186
三、如何才能帮助孩子改掉学习粗心的毛病　　　189
四、孩子过分好动导致上课"坐不住"，父母应该
　　怎么办　　　191
五、如何培养孩子的记忆力　　　193
六、如何培养孩子的意志力，让孩子变得坚强起来　　　194
七、孩子做事注意力不集中，父母应该怎么办　　　196
八、孩子做事拖沓，父母应该怎么办　　　198
九、孩子一看到妈妈要外出就哭闹，应该怎么办　　　201
十、孩子胆小、害羞，父母应该怎么办　　　203
十一、如何让孩子学会分享　　　206
十二、孩子爱撒谎，父母应该怎么办　　　208
十三、孩子不乖乖吃饭，父母应该怎么办　　　210
十四、孩子爱发脾气，父母应该怎么办　　　212
十五、如何给孩子立规矩　　　214
十六、孩子刚入园，跟父母分别时，总是哭得很伤心，
　　　父母应该怎么办　　　216

十七、当孩子问"我是哪里来的"时，父母该怎么回答	218
十八、孩子与他人发生争执，父母应该怎么处理比较好	220
十九、父母离异，如何将其对孩子的负面影响降到最低	221
二十、父母应该如何帮助孩子戒除网瘾	223

后记 **感恩和感谢** 227

第一章

十四种心理营养素

如同植物生长需要阳光、空气和水等营养要素一样，幼儿身心的成长也仰赖某些重要的"心理营养素"。心理营养素在本书中特指父母为了促进孩子身心健康发展而给予孩子的心灵呵护和心理关爱。主要包括：爱、尊重、陪伴、接纳、信任、关注、倾听、宽容、夸奖、肯定、平等、自由、抚触和拥抱。心理营养足的孩子，其生命就能绽放出神奇的绚丽之花，不仅有安全感，自尊心、自信心强，而且亲子关系也会比较融洽。

第一节 爱

爱，是给予、包容、尊重和慰藉。爱孩子是父母的本能。

美国著名心理学家马斯洛的需要层次理论告诉我们：爱和归属的需要是中等层次的需求，满足了生理和安全的低层次需求后，高层次的尊重和自我实现的需求才能得以实现。孩子一旦得到爱的满足，在轻松、自由的状态下，各种潜能就能最大限度地被激发出来，孩子的心理、人格、道德和智力才能得到更好地发展。

我国著名的文学家冰心曾经说过："有了爱就有了一切。"

案例 1

苏妈妈：我女儿今年3岁，因早产，体质弱，我特地辞职，在家专心照顾她。到现在，我仍坚持帮她穿衣，喂她吃饭。我心甘情愿地为女儿付出，就是想补偿女儿，让她少吃一点苦。

可是，老公却不理解我的苦心，说我这么做是在害孩子，我感到非常郁闷。请问孩子年龄小、体弱多病，做母亲的多帮她一点、多照顾她一点，有错吗？

高尔基说："爱孩子，这是连母鸡都会做的事。"父母想给予孩子最好的照顾、更多的爱，这本身没有错。但凡事都有个度，过犹不及。

不知您有没有听说过"化茧成蝶"的故事。据说，蝴蝶破壳钻出的时候，从茧里往上飞，一飞就掉下来，然后再飞、再掉，经常摔得头破血流，很痛苦。有好心人拿来剪刀把茧剪了个洞，帮助蝴蝶从壳里爬出来。结果爬出来的蝴蝶，却不会飞，好心办了坏事。

蝴蝶的生长尚且如此，孩子的成长何尝不是这样。许多父母在对待孩子吃饭、穿衣等生活问题上，经常会犯同样错误，认为孩子小，做父母的能帮则帮，甚至直接代劳。这看似是爱孩子，殊不知，这等于剥夺了孩子锻炼、成长的机会和权利。

有时，爱与害之间，只隔了一层薄薄的轻纱，过了，爱就变成了害。父母对孩子生活上的过分照料，代替孩子做所有的事，就等于剥夺了孩子成长的机会，就会禁锢孩子的头脑、束缚孩子的手脚，使孩子形成依赖心理，恰恰是一种以爱的名义去伤害的行为。

案例 2

傅妈妈：我儿子今年9岁，上小学三年级，天生精力充沛、活泼好动。经常会抢小朋友的玩具玩，有时还会推搡小朋友。上课经常做小动作，干扰同学，为此，经常被老师批评。

老公是个急性子，信奉"棍棒出孝子"，常用粗暴的方式教育孩子。我知道老公打骂孩子不对，但又不知怎么去说服他。特向您请教。

每一个孩子都是独特的。有的安静；有的活泼好动，这都很正常。

精力旺盛的孩子能量充沛，需要找到释放能量的出口，孩子年龄小、自控能力差，难以分辨自己行为的好坏和后果。于是，抢玩具、打人、干扰别人，常常会成为孩子释放能量的惯用方式。从特定意义上来说，出现这种情况，孩子本身也是无辜的，父母应该给孩子多一些理解和包容。父母可以多带孩子参加一些体育锻炼，帮助孩子释放过多的能量。

对于5岁以下的孩子，如果出现抢玩具、推搡小朋友的情况，可以直接将孩子带离冲突现场。只要每次出现这样的情况，父母都坚持这么做，孩子就会渐渐明白：这么做是不对的，就会慢慢改掉坏习惯。对于稍大一些的孩子，遇到这类情况时，可以试着跟孩子讲道理，告诉他抢玩具、打人是不对的，帮助孩子提高认知和自控能力。

打骂孩子会使孩子产生怨恨、逆反、畏惧的心理，危害很大。首先，打骂孩子会伤害孩子的自尊心。孩子受到父母打骂，会让他觉得自己不好，父母不爱自己，内心会感到压抑、难过，产生自卑心理。一方面，影响亲子关系。另一方面，孩子容易产生"破罐子破摔"的现象，对孩子成长不利。其次，打骂孩子还容易导致孩子说谎。经常被父母打骂的孩子，为了免受皮肉之苦，容易出现说谎的现象。再次，打骂孩子容易使孩子形成冷漠、孤僻、仇恨、攻击等个性，严重的容易导致孩子走上违法犯罪的道路，或发生出走、自杀等令父母遗憾终生的事情。最后，打骂孩子还容易造成恶性循环。俗话说"种瓜得瓜、种豆得豆"，父母经常打骂孩子，孩子长大后，受心理惯性的影响，容易把打骂作为一种教育方式，沿用到他自己孩子的身上，造成恶性循环。

您可以这样对您先生说：现在时代不同了，环境也不一样了，过去的那种"打骂孩子"的教育方式已经过时、行不通了。现在提倡的是人性化的教育理念，不能再沿用过去的那种所谓的"老经验"来管教孩子了。打骂只会给孩子造成负面影响，百害而无一利。做父母的，对孩子要有爱心、耐心和包容心，要有博大的胸怀，接纳孩子的不完美。犯错是孩子成长的必经之路，是孩子学习、进步的大好机会，对待孩子犯错，要多一分理解、包容，耐心帮助孩子查找犯错的原因，鼓励、引导和帮助孩子改正错误。同时，要注重与孩子建立良好的亲子关系，关系好了，教育的效果自然就会更好。

第二节
接纳

接纳，心理学上也称无条件接纳。一般是指父母对于子女不论其外表长得俊或丑、身体健全或残缺；也不论其性格外向或内向、脾气温顺或暴躁、智力超强或缺陷等，都能坦然接受，并给予无条件的爱。

无条件接纳的基础是信任孩子，接纳孩子的不完美。

研究表明，父母能否无条件接纳孩子，对于孩子能否健康、快乐地成长影响很大。

案例 1

王妈妈：我儿子8个多月大。他刚出生时，我发现他的上嘴唇有一道小小的裂痕（即俗称的"兔唇"），当时全家人都沉浸在儿子降生的喜悦中，没太留意。可是，随着儿子慢慢长大，他的唇裂越来越明显、刺眼了，想到生了一个外表有缺陷的孩子，我既担心会影响儿子今后的人生，也担心别人会用异样的眼光看待我们，压力很大。请问对待身体有缺陷的孩子，父母应该怎么办？

每个孩子都希望能够被父母无条件地接纳，身体和智力有缺陷的孩子更是如此。父母是孩子在这个世界最亲近的人，孩子如果不能被父母无条件地接纳，就很容易认为自己不够好，从而产生自卑感，甚至自暴自弃。

父母无条件接纳孩子，常常能改变孩子的命运。相信许多人都听说过日本知名作家乙武洋匡的故事吧。乙武洋匡出生时就没有四肢，医生担心他的妈妈看到孩子会受到惊吓，便故意拖延他们母子相见的时间。但"丑媳妇终究要见公婆"，当医生惴惴不安地把肢体不全的乙武洋匡抱到他母亲面前时，出乎所有人的预料，这位坚强的母亲竟毫不犹豫地从医生手里接过儿子，并紧紧地搂在自己的怀里，动情地说："这是我的儿子，是上帝赐给我的最好礼物！"乙武洋匡母亲的这一举动令在场的所有人感到惊讶和感动。

后来，乙武洋匡在他的《五体不满足》一书中这样写道：有一次，我无意间从父亲的日记里看到这一幕后，感动得放声大哭。幸福就源于这一瞬间，我暗暗发誓：一定要活出样子来报答我的妈妈。

后来，通过努力，乙武洋匡不仅考上了大学，还成为了日本知名作家，他的励志故事曾经激励了无数人。

孩子跟父母的心灵是相通的，特别是孩子3岁前，心理上与母亲是一体的。父母如何对待自己，是不是无条件接纳他们，孩子是完全可以敏感地觉察到的。孩子身体有缺陷，这不是孩子的错，这样的孩子比身体健全的孩子更敏感，更容易产生自卑感。因此，更需要父母无条件接纳，并给予更多的爱。

意大利文学家但丁曾经说过："走自己的路，让别人说去吧。"别人怎么看待你的孩子并不重要，重要的是自己要让孩子更加自信、快乐地成长。这就要求父母必须克服虚荣心，及时调整心态，坦然面对异样眼光，要像乙武洋匡的母亲那样把孩子视为上帝赐予的最好礼物，倍加珍惜、呵护，这样，孩子就会感受到自己是被父母接纳、珍惜和疼爱的，就会乐观、自信、坚强。

案例 2

叶妈妈： 我儿子今年3岁半，上幼儿园小班。

不知什么原因，儿子一不如意，就会发脾气、打人，我劝说：打人不好、不能打人,但他就是听不进去,改不了,我非常头疼。请问怎样才能帮助孩子改掉这些坏毛病呢?

当孩子发脾气、动手打人,甚至做出伤害自己或别人的事情时,父母除了在必要的时候出手进行干预和制止外,更重要的是要看看孩子有没有情绪问题。

如果没有,仅仅是不懂正确的交往方式,我们可以先将孩子带离,并告诉他跟小朋友相处的方式是抱一抱,或拉一拉手,让孩子学会正确的交往方式,这样就可以有效避免孩子"打人"事件的发生。很多时候,所谓孩子"打人"事件,是孩子无法运用语言的情况下,自我表达的方式。

如果有情绪问题,就要帮助孩子仔细查找累积情绪的原因,是夫妻关系不和谐,还是亲子关系紧张,或者是其他什么原因。然后,对症下药,采取措施,改善夫妻关系或是亲子关系,从根源上杜绝孩子负面情绪的累积。

第三节 陪伴

陪伴,在心理学上是一个非常重要的概念,主要是指父母用心陪护在子女身边,关心、照顾、养育孩子,陪伴孩子的发育和成长。

高质量的陪伴,不仅有利于亲子关系的建立和孩子安全感的构建,增强孩子的自信心,促进孩子与父母的分离,使孩子更好地走向独立;而且,也有利于孩子智力的开发，提高孩子的素质和能力，促进孩子的健康成长。

缺少父母有效陪伴的孩子，容易出现安全感缺乏和自信心不足以及性格孤僻、抑郁、焦躁、叛逆、自私、自卑等一系列心理问题。

心理学家发现，母亲的陪伴有利于孩子建立最初的健康依恋。婴儿幼小时如果能与母亲建立深度依恋，成年后与他人也易于建立深厚的感情。

父母想要做到有效陪伴孩子，首先，要自觉加强育儿知识的学习，提高对陪伴孩子必要性和重要意义的认识。同时，要掌握一些必要的陪伴技巧，提高陪伴质量。其次，要耐心观察孩子，了解孩子当下的兴趣和需求，努力创造条件，激发孩子的兴趣，满足孩子的发展需求。第二，要尊重孩子，坚持站在孩子的角度思考问题，不能想当然地把自己的思想与感受强加给孩子，要让孩子感受到自己是受父母尊重的。

父母在陪伴孩子的过程中，很重要的一点就是要全身心地投入，切忌"人在曹营心在汉"。

案例 1

洪女士：我是一个"准妈妈"，不到一个月，我的宝宝就要出生了，现在我是既兴奋，又焦虑，兴奋的是自己很快就要当妈妈了；焦虑的是听人说孩子出生后的头几年，父母陪伴孩子非常重要，可我现在对如何陪伴孩子心里没底，怕耽误孩子的成长。请问我该怎么做？

首先，恭喜您即将成为一个幸福的妈妈！想做好妈妈，却又不知该怎么做，您的矛盾心情我完全可以理解。

其实，陪伴孩子没有固定的模式。孩子需求的表达是指引父母陪伴行动的"指南针"。

通常对于0~6个月婴儿，抚触孩子的身体，即父母与孩子进行皮肤的接触是最好的方式。抚触时，父母可以接触孩子身体的各个部位，孩子皮肤受到不同程度的刺激后，会传导到大脑，进而形成兴奋灶，解决孩子安全感"饥饿"的问题，使孩子感觉到身心愉悦。父母抚触孩子身体时，手法要轻柔，最好是一边用手抚触孩子的身体，一边用目光跟孩子交流，并温柔地对孩子说说话，这样，更容易让孩子产生满足感和愉悦感。

对于 6～18 个月的孩子，父母的身体就可以变成孩子天然的"玩具"，父母可以跟孩子一起做各种游戏。比如，可以把身体当成"滑梯"，让孩子从上往下滑或者从下往上爬；也可以把身体当成"拱桥"，让孩子从"拱桥"下面钻过去，还可以把身体变成一种动物，模仿这种动物的习性逗孩子……

对于 18～36 个月的孩子，通常，他们已经能自己走路、跑步了。父母可以多带孩子参加户外活动，提高孩子的运动能力。也可以带孩子做剪纸之类的游戏，培养孩子的想象力、创造力和注意力。同时，还可以通过玩"过家家"游戏，给孩子立规矩；通过给孩子讲故事，培养孩子阅读的兴趣，建立密切的亲子关系。当然，在这个阶段，父母还可以跟孩子玩"剪刀、石头、布"和互相踩脚等游戏，这些都非常有益于开发孩子的智力。

对于学前期（3～6 岁）的孩子，父母可以通过与孩子一起玩游戏，提高孩子的专注力、想象力和创造力；还可以跟孩子一起做家务，锻炼孩子的动手能力，增强孩子的责任心，增进父母与孩子之间的亲子关系。

总之，不同时期的孩子需要不同的陪伴方式，但无论是哪种方式，父母都应该用"心"去陪伴孩子，用"心"去跟孩子交流、互动，这样，孩子就能感受到父母是爱自己的，在父母心中自己是非常重要的。

案例 2

案例二：胡妈妈：我是一个"全职妈妈"，儿子今年 2 岁半。平时，

> 都是我在家照看孩子，老公因工作忙，陪孩子的时间少之又少。
>
> 都说儿子是妈妈的心头肉，一般跟妈妈比较亲，可在我们家，儿子却跟他爸爸比较亲。这让我感到有些失落：我一天到晚陪在孩子身边，他爸爸很少有时间陪伴他，为什么孩子反倒跟他爸爸更亲近呢？是不是跟我经常打电话、玩手机有关系呢？

回答您的这个问题之前，我想先跟您分享一个故事。

有一位妈妈在与宝宝玩耍时，每次有电话打进来，她都会马上接起电话旁若无人地聊起来。这时，她的孩子就会爬上沙发，在上面乱蹦乱跳，并发出尖叫声干扰她打电话。每次她都严厉训斥孩子，想让孩子安静，但孩子依然吵闹不休。

直到有一天，她的孩子气冲冲地从她手里抢走话筒，并重重地摔在地上，她才意识到孩子吵闹的问题根源——她接电话的做法已经严重地伤害了孩子的自我价值感。一个电话就能轻易地转移妈妈对孩子关注，孩子怎么能不怨恨电话呢！

听完这个故事，我想您应该知道为什么了吧。孩子跟爸爸亲还是妈妈亲，不完全跟陪伴的时间长短成正比。陪伴孩子关键在"心"。2岁半的孩子还处于婴儿期，非常敏感，凭借的是直觉，却很精准，父母是不是全身心地陪伴他，他心如明镜。

父母陪伴孩子不仅要人到，更重要的是要"心"到，要以孩子为中心，多关注孩子的需求，多与孩子交流、互动，走进孩子的内心世界，让孩子感觉到父母是爱他的。这样，不仅有利于亲子关系的建立，而且，有利于增强孩子的安全感和自信心，促进孩子的健康成长。

第四节 安全感

安全感主要表现为确定感和可控制感。孩子有了安全感，就会觉得外面的世界很靠谱，身处其中很轻松、自在，就容易实现跟父母的分离。

孩子分离的主要对象是妈妈。分娩前，孩子的身心跟妈妈是联结在一起的。孩子出生后，经历了与母亲生理上的分离。从 4 个月开始到 3 岁，孩子需要经历跟母亲心理上的分离，孩子安全感越强，就越容易实现与母亲心理上的分离。

孩子的安全感不是天上掉下来的，是需要父母后天帮助构建的。0～3 岁是孩子构建安全感的关键期；3～6 岁是孩子安全感构建的重要时期。父母恩爱、家庭和睦，父母对孩子态度温和、用心陪伴孩子，经常拥抱孩子等，都是孩子安全感的最好来源。

婴幼儿阶段，孩子会时不时跑到爸爸妈妈身边，要爸爸妈妈抱抱。这时，爸爸妈妈只要很自然地抱一抱孩子就可以了。抱完了，有了安全感之后，如果孩子想离开父母自己去玩，那就放开孩子，让孩子自己去玩好了。如果孩子想要跟父母一起玩，父母就要陪孩子一起玩，不能找借口拒绝孩子的要求。否则，孩子很容易认为爸妈不喜欢他了，这不利于孩子安全感的构建。孩子每获得一份安全感，就会尝试跟父母分离一点，获取的安全感越多，就越容易分离，直到成为身体、心理上真正独立的人。

此外，在孩子安全感的构建和与父母的分离这些问题上，父母关系是否融洽，将会起到举足轻重的作用。因为，在孩子眼里，父母就是他的整个"社会"，父母关系融洽，孩子就会觉得安全，不用担惊受怕，自然容易跟父母分离；父母关系不好，经常吵架，孩子就会提心吊胆、缺乏安全感，充满不安和恐惧，自然就害怕分离、无法独立。

案例 1

罗妈妈： 我女儿今年1岁10个月。女儿有一个喜欢"吃手"的坏习惯，经常把手弄得又红又肿的，看了让人着急、心疼。

我尝试了很多的办法，但都不管用。请问怎样才能帮助孩子改掉这个坏习惯呢？

婴儿通常是用嘴去感知事物的。所以，孩子在2岁前"吃手"，一般都不是什么问题，但如果"吃手"到了手又红又肿的程度，那就肯定有问题了——要么是心里累积了太多的负面情绪；要么是缺乏安全感，内心太焦虑。

如果是孩子的安全感缺乏，父母就要为孩子营造良好的氛围，减少孩子的焦虑和不安；如果是孩子的负面情绪累积太多，父母要允许孩子发泄、释放情绪，并教会孩子排解情绪的正确方法。当然，找一些可以替代手的东西让孩子吸吮，或多陪孩子说话、唱歌、做游戏等，分散孩子的注意力，尽量不要让孩子处于孤立状态，都可减少或避免孩子"吃手"。

案例 2

吴妈妈： 我儿子今年2岁7个月。大约从一岁半开始，他就喜欢抱着我的一条围巾睡觉，还动不动要闻一闻围巾上的味道，如果不让他抱着睡，他还会哭闹。请问我儿子的这种行为正常吗？

首先想要告诉您的是，您儿子的这种现象是正常的，您不必担心。心理学称这种行为为过渡性恋物。

孩子 3 岁前，最需要妈妈的陪伴。如果妈妈能够一直陪伴在孩子身边，他就不需要再去找安慰物了。但事实上，几乎所有的妈妈都不可能每天 24 小时始终陪伴在孩子身边，因此，一些孩子就会出现恋物的现象，找一些安慰物，把它当成妈妈的替代品，以此来增强自己的安全感。

通常，安慰物大多是柔软、有毛、有妈妈味道的东西，心理学上称这些安慰物为"过渡性客体"，对孩子而言，安慰物有令他们感到舒适、安慰的作用，能帮助他们对抗焦虑、寂寞，安然入睡。

孩子大约从 3 岁起，开始有独立的自我。3 岁前，孩子需要跟某些东西联结，这不是安全感不够的问题，而是孩子 3 岁前的任务就是通过各种渠道不断地吸收安全感的过程。当孩子出现恋物行为时，父母需要注意的是，应该反思是否自己平时对孩子的关注少了，或者陪伴质量不佳，还是其他的原因。然后，有的放矢地加以改进，有意识地通过采取多关注、多陪伴、多给孩子讲故事、多陪孩子玩游戏等帮助孩子逐步停止过渡性恋物行为。

第五节 尊重

美国著名心理学家马斯洛有关人的五种需求理论中指出，尊重是属于一种高级的心理需求。一旦人的尊重需求得到满足，就能体会到自身的价值，增强自信心。反之，则容易产生自卑感，失去自信心。

> **案例 1**
>
> **林妈妈**：我儿子两个多月大。听人说，从小受到父母尊重的孩子，长大后一般都会比较自信、比较独立。请问是不是真有这回事？如果是真的，那对于一个只有两个多月大的孩子，要怎么去尊重他？

从小受到父母尊重的孩子，长大后的确都会比较自信、比较独立。

3岁前，孩子与母亲在心理上是一体的。您儿子只有两个多月大，他是靠直觉感知世界的。虽然这么小的孩子不会说话，吃、喝、拉、撒全部都需要大人照顾，但凭直觉他能清晰地感受到父母为他所做的一切。

尊重这么小的孩子，最重要的就是妈妈的全身心关注和高质量的陪伴，随时感知孩子的需求，及时满足孩子的需要。比如，孩子饿了、渴了、困了、病了、哭了，即使您再忙碌、再疲惫，都要悉心照顾孩子，全力去满足孩子的各种需求。这样，孩子就会感受到自己是受父母尊重的，在父母的生命中，自己是非常重要的。在这种氛围中长大的孩子，内心自然会变得强大，自信心、安全感满满，也会更独立、更有出息。

> **案例 2**
>
> **罗妈妈**：我女儿今年3岁。过去，女儿一直是个非常听话、懂事的乖孩子。可是，最近不知怎么搞的，女儿突然性情大变，变得任性、叛逆起来，喜欢我行我素，你叫她往东，她偏偏要往西，好像故意要跟父母对着干似的，真拿她没办法。
>
> 我就不明白了，以前一直好好的一个孩子，怎么突然说变就变了？请问我女儿到底怎么了？我们应该怎么办？

这是典型的叛逆期的行为特征，是孩子成长过程中必然会出现的现象。

通常，每个孩子都会出现两个叛逆期。第一叛逆期一般出现在 2 ~ 4 岁，多在 3 岁。第二叛逆期，又叫青春叛逆期，一般出现在 11 ~ 16 岁左右。

孩子的第一和第二叛逆期的共同点：

1. 孩子反抗的主要对象都是父母，其次是其他教养者。

2. 都表现出独立自主意识的增强，向控制方要求独立自主权。

3. 都出现成长和发展的超前意识，第一叛逆期的儿童具有"长大感"；第二叛逆期的儿童具有"成人感"。

同时，孩子的第一叛逆期和第二叛逆期也有不少的不同点：

第一叛逆期儿童所要的独立自主权在于：要求按自我的意志行事，其重点是要求行为、动作自主和行事自由，反抗父母控制，反对父母过度保护和越俎代庖。他们自以为大人能干的事自己也能干，希望参与成人的活动；他们自以为能干的或自己要做的事被成人代做，往往坚持退回原状，自己重做；他们常常逆着父母的意愿，说"不"，并按自己的愿望说"我自己做"；喜欢听"你真棒！"的表扬。

第二叛逆期儿童所要的独立自主权在于：要求人格独立、社会地位平等和精神、行为自主，反抗父母和有关方面控制。他们在心理上过高地评价自己的成熟度，认为自己的思想和行为已经达到成人水平，成人感使他们的独立意识强烈起来，要求与成人的社会地位平等，渴望社会给予他们成人式的信任和尊重，在精神生活方面摆脱成人，特别是父母的羁绊，有自己独立自主的决定权。然而，在面对许多复杂的矛盾和困惑时，他们依然希望在精神上得到成人的理解、支持和保护，存在着心理断乳与精神依托之间的矛盾。同时，这一时期的孩子，他们认为成人不理解他们，不愿意向成人袒露心声，喜欢将自己的内心世界封闭起来。然而，他们的诸多苦恼又使他们倍感孤独和寂寞，很希望与他人交流、沟通，并得到他人的理解，这种开放胸怀的愿望促使他们很愿意向同龄朋友推心置腹，存在着心理的闭锁性与开放性的矛盾。

面对孩子的叛逆期，父母大可不必如临大敌，只要思想上重视它，多给孩子"松松绑"，给孩子尊重、平等和自由，孩子在"叛逆期"的反应就不会那么强烈，就能帮助孩子较为顺利地度过这一特殊时期。下面是给父母的几点建议：

1. 父母应该充分认识和理解叛逆期对孩子心理发展的重要意义。叛逆期是儿童心理发展过程中的发展性现象，它出现在人生发展里程中的两个具有"里程碑"意义的转折期，能否较为顺利地度过，能否减轻挫折和危机，对孩子后续的发展至关重要。

2. 父母应该加强学习，提前做好应对孩子叛逆期的思想准备。父母应提前了解、掌握孩子叛逆期的基本规律，知道叛逆期是儿童心理发展的正常现象，是大多数孩子都要经历的成长过程，事先做好思想准备，正确面对，以避免不必要的焦虑、恐慌和烦恼。

3. 父母应该充分认识孩子叛逆期的矛盾焦点所在，为做好下一阶段的教养打好基础。

孩子的自我意识超前，父母对孩子的认识滞后，这种认识上的差异是叛逆期双方的矛盾焦点。

提前调整对待孩子的方式。不能一直把他们视为被动的受教育者或被塑造者，应该尊重他们心理上的"独立自主""社会地位平等"和人格受到尊重的需求，重视并尽量满足他们成长中的需要。

4. 父母应该提前调整对待孩子的方式，帮助孩子顺利度过叛逆期。父母应该用发展的眼光看待孩子，尊重孩子的人格，跟孩子做朋友，发扬民主，给孩子自由发展的空间，放手让孩子去做属于他们的事。这样就能有效减轻和避免孩子的排斥、对抗心理，帮助他们顺利度过叛逆期，健康成长。

第六节
信任

发展心理学认为：孩子到了1岁时，便有了凡事都要"我自己来"的强烈愿望。此时，父母最恰当的做法就是：信任孩子，尊重孩子的意愿，相信孩子虽小，但具有巨大的发展潜能和学习能力，因势利导，培养孩子的生活自理能力和良好习惯，让孩子拥有和体验成就感，增强孩子的自信心。

现实生活中，总有一些父母担心孩子年龄小，不敢放手让孩子自己去锻炼、去试错，常常越俎代庖。其实，这是父母对孩子不信任的典型表现。

为人父母应该明白，对孩子所有的爱，最终的目标都是指向分离。孩子终究要离开父母、完成独立。父母应该在孩子离开前，为孩子准备好"行囊"，"行囊"里除了父母给予孩子完整、智慧的爱之外，还应该有孩子生存和发展所需要的各种能力和素质。

失败是"成功之母"，没有人一生下来就什么都会。父母应该信任自己的孩子，尽量放手让孩子自己去尝试、去锻炼，即使失败了也没什么大不了。只要父母信任孩子，给孩子提供足够多的学习和锻炼的机会，多鼓励、多引导，孩子就一定会回报父母以惊喜！

案例 1

刘妈妈：我女儿今年1岁7个月。我给女儿喂饭时，她经常会伸手来抢我手里的汤匙，想自己吃饭。不给，她就开始哭闹；给吧，她又会把饭菜、

> 汤汁洒得到处都是，弄脏衣服、桌椅和地板，每次清理这些烂摊子都要花费很长时间，还不如我直接喂她吃饭更省事。
>
> 我认为女儿现在才1岁多，年龄还小，想让她大一点再自己吃饭，可她就是不干，喜欢给我们添乱。请问孩子多大时，让他们自己吃饭比较合适？

吃是人的一种本能，孩子多大让他自己吃饭比较合适没有统一的标准。

1岁多的孩子大多会走路、说话了，虽然手脚不灵活，但已能做一些简单的动作。如果父母发现喂饭时，孩子的小手经常会伸过来抓、握餐具，说明孩子已经到了学习自己吃饭的敏感期，父母应该有意识地培养孩子自己吃饭的能力。这时，父母就应该放手，让孩子去尝试，让孩子体验自己吃饭的乐趣。

您的孩子虽然只有1岁多，但只要她自己想学吃饭，您就应该放手让她自己吃。孩子刚开始自己吃饭时，吃得会慢一点、少一点，也可能会弄脏一些东西，但那又有什么关系呢？孩子锻炼多了，动作自然会熟练起来，速度也会快起来，东西弄脏了洗一洗就好了，孩子在学习吃饭过程中，不仅能提高生活能力，也能提高精细动作能力，还能促进身体其他部位发展，做父母的何乐而不为呢？

父母在陪伴孩子成长过程中，要记住9个字：不代办、少插手、多鼓励。父母应该信任孩子，相信孩子有自我发展的潜能，随着孩子年龄增长，锻炼、体验的增多，肯定会学到更多的东西，逐步独立，健康成长。

案例 2

朱妈妈：我儿子今年2岁半。一次，孩子偶然看到他爸爸拿牙签剔牙，可能是好奇吧，儿子也拿了一根牙签学着爸爸的样子放进嘴里玩了起来。

> 我吓出了一身冷汗，赶紧从孩子手里把牙签抢了过来，没想到孩子竟大哭了起来。
>
> 我严肃地对孩子说："牙签不是用来玩的，你看它的头这么尖，把它放进嘴里多危险啊！以后不能再玩牙签了。"听了我的话，孩子一脸惊恐，我还以为他以后不会再玩牙签了。可是，后来，孩子又好几次趁我们不注意，偷偷把牙签放进嘴里玩，我们感到十分惊讶，只好把牙签藏了起来。
>
> 没想到，牙签没得玩了，孩子却玩起了筷子。吃饭时，常常把筷子放在嘴里乱搅，我们真担心孩子哪天不小心，会戳到喉咙。请问怎样才能阻止孩子的这些危险行为呢？

小孩玩牙签、筷子之类的东西看起来确实让人捏把汗，存在很大的风险，应该引起父母的注意。

父母是孩子的榜样，孩子天生具有很强的学习模仿能力，父母不经意间的一些行为，都可能成为孩子模仿的对象，这是孩子的天性使然。这也提醒父母在孩子面前要注意自己的言行，避免造成危险，产生不好影响。

父母看到孩子把牙签之类的尖硬物放进嘴里时，首先要镇定，不能大惊失色，更不能厉声责骂。否则，不仅会惊吓到孩子，还可能会引起孩子更强的好奇心，以后再做出同样的行为。您孩子身上出现的问题，很可能就属于后面的这种情况。

父母要相信孩子具有自我保护的意识和能力。对于孩子想做一些父母认为有危险的事，制止不如小心地保护，或提前把危险的物品藏匿起来。保护孩子安全最好的办法，不是限制他们接触尖硬的或存在安全隐患的东西，而是要尽到引导和监护的责任。对于不能给孩子玩的刀和打火机等，要告诉他们可能造成什么危害，引导他们不要去玩。比如：用刀切东西给孩子看，告诉他玩刀可能会把手割破，要等他长大才能用刀。用打火机点燃纸张给孩子看，告诉他如果玩火，可能会把家里的东西点燃，把房子烧毁，所以，不能玩火，这样，孩子就不会去玩刀和火之类的危险品了。而对于牙签、筷子之类的东西，要告诉孩子它们主要是用来做什么的，并教孩子如何使用这些东西，这样，自然就可避免发生父母所担心的危险了。

第七节
关注

每一个父母都是爱孩子的，因此，每个父母都会本能地关注自己的孩子。

婴儿在出生后的头 3 个月，需要父母给予特别的关注。孩子的发展需求随着年龄和情境的变化而变化，因此，父母对孩子的关注也要与时俱进。在孩子成长过程中，父母要关注的方面有哪些？怎么关注孩子？关注度如何把握等都是一门学问。

关注是把"双刃剑"。如果父母关注孩子不够，那么，孩子就会觉得父母不够重视自己、不够爱自己，甚至故意做出一些容易引起父母注意的举动来吸引关注。父母要知道孩子这么做，不是顽皮，只是想表达自己需要关注的意愿。如果父母过度关注孩子，可能会让孩子感到压力，觉得压抑和不自由，有时还会强化孩子的负面行为，同样不利于孩子身心健康成长。只有适度的关注，孩子才会感受到自己是被父母重视的，父母是爱自己的，自己的需求能够被父母及时觉察，并得到满足。

> **案例 1**
>
> **庄妈妈：** 我是全职妈妈，儿子刚满 2 岁，乖巧听话。但有个不好的习惯：一看到我接打电话，就会爬到沙发上乱蹦乱跳，还会大喊大叫。
>
> 由于担心他不小心会从沙发上摔下来，每次，我都会严厉制止。可是，他总是充耳不闻，我行我素，好像故意跟我作对，弄得我不得不中途停下通话，强行把他从沙发上抱下来。可是，我继续打电话时，他会再次爬到沙发上吵闹。为了照顾他，我把工作都辞了，他却让我打个电话都不肯安静，想想就来气。请问怎么才能帮他改掉这个不好的习惯呢？

您是一位全职妈妈，一天到晚围着孩子转，生活单调、辛苦，偶尔想跟亲朋好友打打电话、聊聊天，放松一下，而您的儿子却在您接电话时吵闹不休，使您无法安心接电话，让您很生气，您的这种心情可以理解。

2 岁的孩子对妈妈的依恋还是比较强的，孩子希望妈妈能全身心地陪伴他，不喜欢妈妈人在心不在。您跟别人聊电话，在孩子看来就是妈妈"分心"了，不那么关注他了，让他觉得不开心了。2 岁的孩子毕竟还小，无法用言语很好地表达自己真实的想法，只能用他这个年龄段特有的方式，如喊叫、哭闹、蹦跳，甚至攻击行为等，来表达他对您打电话、忽视他的不满，以此来吸引您的关注。

您打电话时，您儿子爬到沙发上蹦跳、吵闹，您担心他摔倒，暂停电话去抱他，他发现这样能引起您的关注，能有效控制您的行为，于是，当您再次打电话时，他就会有意识地爬到沙发上去蹦跳、吵闹。孩子只是想引起您的关注，希望您能全身心地陪伴他。

比较好的做法是，在您需要打电话时，先做一些安抚的工作。比如，可以先抱一抱孩子，告诉他妈妈是爱他的，但是现在有事需要打个电话，让他自己玩一会儿。也可以打电话前先陪孩子做一些他喜欢的事，中途告诉他妈妈有事需要打个电话，让他自己玩一会儿，打完电话再陪他一起玩。另外，既然孩子这么在意您打电话这件事，您通话时最好能控制一下时间，不要让孩子觉得被"冷落"太久。相信这样做了，孩子的问题就会消失了。

案例 2

郑妈妈：我儿子今年15岁，很快就要中考了，我希望儿子能考上重点高中。

为了孩子能考出好成绩，现在他的衣食住行全部由父母亲包揽了，什么活都不舍得让他干，保证他有更多的时间学习备考。同时，我们还每天密切关注孩子的学习和生活情况，孩子一有松懈，我们都会及时提醒、督促。可是，孩子好像并不理解我们的良苦用心，都到这节骨眼上了，还经常跟同学出去打球、玩耍，并常常上网玩手机游戏，我们劝他要把时间、精力都用到学习上，他还会跟我们狡辩，说是要"劳逸结合"，真拿他没办法。

离中考越来越近了，请问我们怎样做才能让孩子把主要的时间和精力集中到学习上来呢？

中国的父母普遍都会对孩子的学习给予很大的关注，确切地说是过度的关注。父母评价一个孩子的好坏，往往只看孩子的学习成绩，似乎只要成绩好了，就什么都好了。对孩子的心理需求、心理健康鲜有关注。

时代不同了，孩子在物质上什么都不缺。但他们需要父母关注他们的内心世界和心理需求，比如，希望父母能多关注他们学习上承受的压力和困惑，能在心理上和情感上多理解和支持他们，人格上多尊重他们，行动上多给他们一些自由，让孩子有属于自己的时间和空间。

孩子不是机器，除了学习，还需要生活和娱乐，父母不应该过度关注孩子的学习，孩子偶尔打打球、玩玩手机，调节、放松一下心情，父母不该限制太多、管得太死。孩子有时不够自觉，做父母的不是不能说，而是要注意说话的时机、方式和分寸，见机行事、察言观色、讲求实效。最好不要在孩子玩兴正浓的时候去制止、说教，那样，孩子会觉得很扫兴，会自动启动"屏蔽"模式，不但不会听，还会产生叛逆，损害亲子关系，应该等到孩子心情好的时候，先肯定他的优点，再慢慢涉及父母担忧的问题。如果孩子心情好、乐意听，那多说一些也无妨；如果父母说着说着，孩子突然不想听、感到厌烦了，那父母就要管住自己的嘴巴，立马"住口"，哪怕当时有些话正说了一半，也应该停下来。因为，父母说教的目的，无非是想让孩子听进去，并朝着自己所期待的方向改进。既然孩子已经启动了防御机制，如果父母还一意孤行、继续唠叨下去，不但会使父母前面所说的话大打折扣，甚至完全失效。

第八节 倾听

倾听，是一门学问、一门艺术，更是亲子沟通的桥梁和纽带，是构建良好亲子关系的法宝。心理学上有一个颠扑不破的真理："听比说好。"说的就是倾听在亲子教育，构建和谐亲子关系中的重要作用。

父母通过倾听，当好忠实听众，能够有效满足孩子的表达欲望，将极大地调动孩子说话的积极性，这就相当于父母在有意培养孩子的语言组织、表达能力，对提高孩子的思维能力、社交能力等都会有很大帮助。倾听孩子的心声，还会增强孩子对父母的信任感，使孩子敢于向父母袒露自己的内心世界，便于父母清楚地了解孩子对事物的看法，为父母做好教育、引导孩子的工作奠定了良好的基础。

倾听，还具有疗愈的奇效。当孩子遇到挫折，受到委屈时，只要父母能够耐心倾听孩子说话，孩子就可通过倾诉、哭泣、喊叫等方式，宣泄压抑的情绪，消除不良情绪。很多时候，孩子倾诉完了，心情自然就平复了。

既然倾听如此重要，那么，父母应该怎么做到有效倾听呢？

首先，父母要带着感情全神贯注地听。倾听，不是只带着耳朵听就好了，它要求父母用"心"去听。父母应该对孩子所说的话表现出浓厚的兴趣，密切关注孩子的情绪变化，听出孩子话里的"弦外之音"。倾听时，父母要放下手里的一切，集中精力，眼睛要尽量注视孩子，用眼神跟孩子交流互动。倾听过程中，父母不能有太多的言语，尽量不要说"刚才忙，没听清楚，你再说一遍"之类的话，这样会让孩子觉得父母心不在焉，会感到扫兴。如果孩子察觉到父母对他的话没有兴趣，那么，孩子就很可能不愿再说下去了，父母也就错失了一个走进孩子内心，了解孩子真实想法的良机。

其次，倾听过程中要积极参与。倾听不单只是做个忠实的听众，还要用动作和情感向孩子传递爱。倾听过程中，除了仔细聆听外，还应适时对孩子说的话有所回应，比如，父母可以用"嗯""后来呢"等作为回应，表达父母对孩子说话的关注和重视，让孩子知道父母不只在听他说话，还在琢磨他的话，鼓励孩子继续说下去。当认可孩子说的话时，父母要微笑地点点头。当孩子说出伤感的事时，父母要表现出难过的样子，与孩子共情，让孩子感受到父母是信赖、理解他的。这样，孩子就会打消思想顾虑，向父母敞开心扉，把心里话告诉父母。听完孩子的倾诉后，父母最好根据自己的阅历，给出合理的建议。

再次，不要轻易打断孩子说话。当孩子说话时，不论他的表达是否清楚、完整，父母都应耐心等孩子把话说完。特别是孩子发表见解或意见时，更要耐心，给孩子表达情感、意见的机会。在孩子没有充分把意见表达出来之前，不要随意表态或评论，更不能粗暴地打断孩子的话。即使孩子所说的事情或观点是错误的，也不要轻易地批评和评价，要鼓励孩子把话说完，然后，再阐明自己的观点。

案例 1

黄妈妈：我女儿今年 7 岁，上小学一年级。也许是女儿刚上学对学校所发生的一切都比较好奇，每天放学回家，她总喜欢缠着我，没完没了地跟我"絮叨"她们学校里发生的事：某某同学与某某同学上课说话被老师批评了；某某同学上体育课跑步时摔跟头，被同学取笑了；今天因为什么事自己跟某某同学吵架了，心情不好等等，絮絮叨叨、没完没了。

我觉得女儿整天净跟我说一些与学习没有关系的事，是浪费时间。所以，我经常会忍不住打断她的话，不耐烦地对她说："去、去、去，不要整天跟我说这些无聊的事，把精力用到学习上去！"被我制止了几次之后，现在，我发现女儿回家后不跟我絮叨了，但也不像以前那样爱说话了，跟我的关系也似乎有些疏远。请问我女儿的这种变化，是不是与我阻止她说学校里的事情有关呢？

您女儿身上发生的这种变化，的确跟您不让她对您说她学校里发生的事情有很大关系。

进入小学，是孩子成长过程的一件大事。学校里发生的一切，对刚刚跨进校门的孩子来说，无疑是非常新鲜、好奇的，都会深深地吸引孩子。

孩子在学校学习、生活了一天，会遇到各种各样的事，回到家，快乐需要有人分享，困惑需要有人解答，烦恼需要找人倾诉，愤怒需要向人宣泄，这就是很多孩子喜欢把学校里的事说给父母听的原因。

孩子喜欢主动把学校里的事告诉父母，一方面，说明孩子喜欢学校，具有比较强的适应能力和观察能力，是培养孩子观察力、记忆力和表达能力的好机会。另一方面，说明亲子关系比较融洽，孩子对父母比较信任，乐意把自己在学校的所见所闻告诉父母，分享自己的喜怒哀乐，父母应该感到欣慰。

当孩子主动和父母说话的时候，正是父母了解孩子的最好时机。如果父母能对孩子多一点耐心，那么，孩子遇到事情时就会乐于向父母诉说，父母就能及时掌握孩子的情况。所以，当孩子主动告诉父母学校发生的事情时，不管手头有多忙，父母都应该表现出兴趣，耐心倾听孩子说话，走进孩子的内心世界。

遗憾的是，不少父母没有意识到这一点，他们只关注孩子的学习，看重孩子的考试成绩，没能认识到孩子情感的需求和倾听孩子说话的重要性，他们喜欢以成人的思维方式去评判孩子所做的一切，认为孩子说一些跟学习没有直接关系的事是在浪费时间，没有耐心去倾听，孩子只好将委屈和不满埋藏在心里。长此以往，做父母的就很难了解孩子的所思所想，对孩子的教育会无所适从，影响亲子关系。

案例 2

骆妈妈： 我儿子今年5岁，整天缠着我问这问那：牛为什么有两只角，牛角是用来做什么的？飞机为什么能在天上飞，而不会掉下来？为什么看到蜻蜓低飞天空就要下雨？……总之，什么都要问。

我平时上班就够累的，回到家儿子又问这问那，心里很烦。所以，经常随便敷衍他，或者有时干脆对他说："去、去、去，哪有那么多问题，你没看到妈妈正在忙吗？自己到一边玩去。"孩子听我这么一说，会失望地离开。我知道这样对待孩子不好，但我真的是太累了，心里烦躁，难以控制自己的情绪。请问我应该怎么办？

对什么都好奇，喜欢问这问那，这是孩子的天性，是孩子探索世界、学习知识、积累经验的过程，对孩子的成长意义重大。孩子好问，父母应该感到欣慰，并给予鼓励，尽量满足孩子的好奇心和求知欲，耐心陪伴孩子的成长。

经常听一些父母说："我很爱我的孩子，为了孩子我可以如何如何……"然而，现实生活中，当他们被工作所累、问题所困时，往往连倾听孩子说话，回答孩子提问的耐心都没了。孩子一提问，他们就不耐烦，甚至呵斥，这样的后果是孩子的好奇心和探索世界的大门刚刚开启就被强行关闭了。

兴趣是最好的老师，好奇心恰恰是激发兴趣的动力。一旦扼杀了孩子的好奇心，孩子对事物就容易失去兴趣，所以，父母应该学会控制自己的情绪，注意保护好孩子的好奇心，学会倾听孩子说话，耐心回答孩子提问，设法满足孩子需求。

当然，父母也是普通的人，不可能什么事情都知道。对于暂时不知道答案的问题，父母可以与孩子一起找资料后，再回答孩子，这样做不仅能密切亲子关系，而且，也可以帮助孩子养成不懂就问，不会就查的好习惯。

对于孩子的提问，父母最好不要直接给出答案，应教孩子解答问题的方法，引导孩子自己去寻找答案，这样，更有利于孩子的成长。

第九节
宽容

人无完人，金无足赤，每个人都难免会犯错。尤其是正处于身心成长发育过程中的孩子，由于心智还不成熟，又缺乏经验和技能，就更容易犯错。宽容犯错，鼓励奋进，是帮助孩子纠正错误的一剂良药。

对待孩子犯错，父母明智的做法应该是：接纳孩子的不足，宽容、鼓励孩子，帮助孩子查找原因、克服不足、改正错误。

父母和教师合理的宽容，是儿童成长试错教育和挫折教育的前提，也是儿童正当权益保障的基础。儿童成长不仅受到法律的保护，从家庭伦理的角度上也需要得到家长和师长的宽容，不能拿成人的标准来衡量儿童，拿成人道德的标准来谴责儿童。父母应该知道：人都是在不断犯错中学会做事、做人，渐渐适应社会的。

案例 1

陈妈妈： 我家女儿今年14岁，以前一直是个人见人爱、人见人夸的好孩子。学习自觉、成绩也不错，很少让我们做父母的为她操心。

可是，最近发生了一件烦心事。听女儿同学说她跟班里的一个男生在谈恋爱。我问了女儿好多次，可她不承认。

当今社会，竞争越来越激烈。我担心孩子早恋会影响学习和将来的前途，现在是既着急又无奈。请问我该如何处理女儿早恋的问题呢？

孩子"早恋"，您的烦恼，我能够理解。

为什么我要把早恋这两个字加引号呢？因为，我认为孩子和家长对它的定义往往有天壤之别。

对于涉世未深、情窦初开的少男少女来说，跟外表帅气或靓丽，尤其是学习成绩又比较好的异性走得比较近，只是对对方的一种好感和亲近，是异性之间的一种相互吸引，并非家长眼里的"早恋"。不少父母已经习惯了用成人的眼光去看待孩子，往往把孩子之间的好感和亲近看作是"恋爱"，于是，紧张焦虑，烦躁不安，对孩子逼问、责骂，甚至惩罚，让孩子感到冤屈和受伤。

其实，即使孩子真的早恋了，也不是什么大不了的事，只要孩子之间没有深入的性接触，父母没必要视之为"洪水猛兽"。这个年龄段的孩子"早恋"，大多是对异性产生的一种喜欢，并不是成人眼里的以结婚为目的的恋爱。随着年龄的增长、视野的拓宽、对异性好奇心的降低和自控能力的增强，他们逐渐学会了与异性保持恰当距离，重新把精力投入到学习上。因此，父母发现自己的孩子"早恋"了，不要去责骂孩子，更不能去惩罚孩子，最好的做法就是理解、宽容孩子。如果孩子乐意，可以跟孩子多交流、沟通，积极加以引导，采取"疏"而不是"堵"的方法。如果孩子不乐意，那也没必要去逼问孩子。更不能在孩子面前表现出过分焦虑和不安。父母应该相信自己的孩子，相信他们有智慧、有能力处理好自己感情的问题。

> **案例 2**
>
> **石妈妈：**我儿子今年 7 岁，读小学一年级。为了激励他好好学习，我跟他爸商量后，给了孩子一个承诺：如果第一学期的期末考试排名能够进入班级前三名的话，就奖励他一套心仪的玩具。
>
> 在我们的激励下，孩子虽然年纪小、玩心重，但对学习明显比以前更上心了，学习成绩也有了很大进步，看得出来，儿子太想得到那套玩具了。
>
> 期末考试那天，儿子放学回家后，一副心事重重的样子。我以为他是因为考试没考好，担心得不到奖励。于是，我把他叫到身边，笑着问，是不是这次考试没考好？没想到儿子哭着对我说："妈妈，我今天考试作弊被老师抓到了。"
>
> "考试作弊，那还了得？"我厉声责问儿子为什么要这么做。儿子一看我发火，吓坏了，哭得更伤心了。
>
> 看到儿子伤心、害怕的样子，我的心又软了下来，不再责骂他。请问对于孩子考试作弊这件事，我的反应是不是有点过度了？遇到这种事，父母应该怎么做比较合适？

"人非圣贤，孰能无过。"人生在世，不可能不犯错误，成年人尚且如此，更何况是那些身心均处于发育阶段的孩子呢？

从您的叙述不难看出：您儿子考试作弊，目的其实很单纯，就是想在期末考试中取得好成绩，得到那套心仪的玩具而已，并非道德、人品出问题。通常，孩子在犯了错误之后，除非孩子没有意识到自己的行为是一种错误，否则，他或她自己就会产生负疚感和纠正欲。您儿子期末考试作弊被老师发现后，回到家里心事重重，说明孩子已经认识到自己的错误，后悔了，也想改正了。您知道这件事后，确实不应该对儿子发那么大的火，而应该先宽容、安慰孩子，告诉孩子"人难免会犯错误，只要改正了就好"。然后，再心平气和地跟孩子进行沟通、交流，了解孩子犯错的原因，帮助孩子改正错误。

最后，我想跟您分享一个感人的故事，故事的主人公是一个14岁的男孩。在放学回家的路上，这个孩子看到书亭里有一本自己喜欢很久的书，可是，身上又没有带那么多的钱，后来，他竟鬼使神差地把那本书藏进了怀里，谁知他刚一转身，就被书店老板发现，被拽进了派出所，男孩吓得不轻。孩子的父亲接到警察的电话后，很快就赶到了派出所。男孩低着头，怯怯地等待父亲的责骂。

"我想，这一定是个误会。"父亲淡定地说，"因为我非常了解我的儿子，他是一个非常懂事的孩子。他一定非常喜欢这本书，只是因为没带够钱，才这么做的。你们看这样行不行，我出三倍的价格买下这本书，这事就算结束了。"然后，男孩的父亲当即掏钱买下了那本书。男孩惊呆了，他看着父亲，父亲也看着他，眼里没有责备，有的只是爱怜。

出了派出所，男孩的父亲停下脚步。他捧起孩子那张满含羞愧与感动的脸，一字一句地说："儿子，人这一辈子或多或少都会犯错误。听着，忘记它！不要让它在你心里留下阴影，好好学习和生活，只要以后不再犯这样的错误，你依然是一个让父母骄傲的孩子！"说完，他郑重地将这本书放到孩子手中……

宽容带着强大的爱的力量。面对一时犯错的孩子，这位父亲的宽容，不仅帮孩子解了围，而且，也深深地感动了孩子，给了孩子改错的机会、勇气和力量。

第十节 夸奖

美国著名作家马克·吐温有句名言："一句赞美的语言，能让我不吃不喝活上三个月。"这话虽然有点夸张，但却淋漓尽致地突显了赏识的魅力所在。

赏识教育是一种爱的教育，充满着人情味、富有强大的生命力。因为，人性中最本质的需求，就是渴望得到赏识、尊重、理解和爱。

孩子对赏识的需求比成人更强烈，父母的一句赞美的话语，一个欣赏的目光，一个鼓励的手势，一个温暖的拥抱，对孩子都是一种极大的激励，足以让孩子感受到父母对他们的关爱和肯定。从而，有效地增强孩子的自信心，激发孩子的潜能。

科学研究表明：夸奖能有效激活情绪中枢的杏核激素，由于这种激素的分泌，孩子的生理机能会发生明显的变化，能有效增强孩子的自信心和克服困难的勇气。日本有研究表明："经常受到父母夸奖的孩子，其成才率要比很少受到父母夸奖的孩子要高出 5 倍。"

"集腋成裘""聚沙成塔"，作为父母，平时不要吝啬对孩子的夸奖和赞美，孩子的一点点努力和进步，都应该及时给予夸奖和鼓励，孩子明天的成功，也许就蕴藏在父母的夸奖和赞美之中。

案例 1

周妈妈： 我儿子今年 10 岁，上小学四年级。儿子平时乖巧、听话，但就是学习成绩不太好。

> 最近，儿子常常对我说："妈妈，我不想去上学了。我成绩不好，老师不喜欢我，同学也不愿意跟我玩，上学太没意思了。"刚听到儿子说这话时，我吓了一大跳。但转念一想，儿子能把心里的想法和心中的烦恼告诉我，说明儿子很信任我。
>
> 于是我就问他："儿子，你年纪这么小，不上学想干什么呢？"儿子一脸茫然，回答说："妈妈，我也不知道要干什么。"
>
> 听了儿子的话，我心里非常难受。请问孩子学习成绩差，不想上学，父母应该怎么开导孩子呢？

对于学习成绩不好的学生来说，上学的确是一件比较煎熬、痛苦的事。

不过，值得庆幸的是，您儿子乖巧、听话，能把自己不想上学的想法和心中的烦恼如实地告诉您，寻求您的帮助，说明您的儿子本身还是想学好、要求上进的。最让父母担心的是孩子学习成绩不好，不想上学又不敢或不想告诉父母。虽然父母每天看到孩子背着书包出门，好像上学去了，但实际上，孩子中途逃学，父母还被蒙在鼓里。

您儿子的问题主要是学习成绩不好，缺乏成功的体验，对学习没兴趣、失败感太强。所以，要想解决问题，首先应该培养他的学习兴趣。最有效的方法就是增强孩子的成功体验。您可以寻求老师的帮助，请老师多表扬、夸奖孩子。您可以建议老师从孩子的坐姿、做作业的态度等细节对孩子进行鼓励，比如，建议老师表扬孩子上课认真听讲、做作业认真。一个极少受到过老师表扬的学生，突然受到老师夸奖，往往潜能会被激发出来，学习的积极性会大大提高，孩子很有可能发生神奇的变化。等孩子学习有了起色，哪怕是一点点的进步，建议老师再及时表扬孩子的学业，孩子有了成功的体验，就会有学习的兴趣和动力，孩子不想上学的问题就可以迎刃而解了。

案例 2

黄妈妈：我儿子今年6岁，上幼儿园大班。他精力充沛、好动顽皮，上课时喜欢做小动作，影响同学，经常被老师批评。每次开家长会，老师都会把我留下来，郑重地对我说："你儿子太调皮了，经常干扰同学，你们要好好管教管教他。"

回家后，我都会把老师的话如实反馈给儿子，对儿子进行教育。虽然当时儿子承诺会改正，但回到幼儿园后，儿子又故态复萌。请问怎样才能帮助儿子改掉坏习惯呢？

学生往往会把老师的话奉若圣旨。所以，老师对孩子的评价常常会对孩子的成长产生深远的影响。人天生喜欢赞美、肯定，不喜欢批评、指责。家长会后，父母应该如何把老师的话反馈给孩子呢？我觉得下面这位母亲的做法很值得借鉴。

有这么一位母亲，她第一次参加家长会时，幼儿园的老师不屑地对她说：你儿子有多动症，连三分钟都坐不住，最好带去看一下医生。听了老师的话，虽然这位母亲心里很难受，但她却非常有智慧地把老师的话反馈给了儿子，她告诉儿子：老师表扬你了，说你原来在板凳上坐不了一分钟，现在能坐上三分钟了。那天晚上，她的儿子破天荒地自己动手吃了两碗米饭。

儿子上小学时，她去参加家长会，老师对她说：你儿子成绩不好，我们怀疑他智力有问题，你最好带他去医院检查一下。听完老师的话，她流下了泪。然而，当她回到家里时，却是这样对儿子说的：老师对你充满了信心，说你并不是个笨孩子，只要能细心些，会超过你的同桌。说这话时，她发现，儿子黯淡的眼神一下子充满了亮光，沮丧的脸也一下子舒展开来。她甚至发现，从这以后，儿子温顺得让她吃惊，好像突然长大了许多……

就这样，每次参加完家长会，这位母亲都能把老师的话非常有技巧地反馈给孩子，在她的不断夸奖、鼓励下，孩子的自信心不断增强，学习也越来越刻苦，儿子最终竟考上了清华大学。

事后，她的儿子感慨地对她说："妈妈，其实，我知道我不是个聪明的孩子，可是，这个世界上只有你能欣赏我……尽管那些都是骗我的话，我知道那些话只是一层纸，一捅就会破，但我还是很喜欢听，因为它是我学习的动力所在，妈妈的这层纸让我不停地奋斗，不停地进取。"这就是父母夸奖孩子的神奇功效。

其实，好孩子常常是被夸出来的。从家长会得到老师的反馈信息后，父母要有意识地对信息进行取舍。特别是一些比较负面的反馈，家长不可原封不动地告诉孩子，而应该在如实告知孩子所面临的主要问题之后，辅以充分的真诚鼓励。

第十一节
肯定

哲学家威廉·詹姆斯曾指出："在人类的本质中，最殷切的渴望是被肯定。"的确，肯定能给人带来意想不到的惊喜，甚至，常常可以改变一个人的命运。

著名的歌唱家安利可·卡罗素 10 岁那年，梦想自己将来能成为一名歌星，但他的老师却给他泼了一盆冷水："你五音不全，不能唱歌……"回到家后，他非常伤心地把老师的话告诉了母亲，母亲听完他的哭诉后，紧紧地搂着他，轻声地鼓励他说："孩子，你很有音乐才能，妈妈相信只要你努力，就一定会成为一名出色的歌唱家……"得到母亲的肯定，卡罗素的心情好多了。

后来，经过不懈的努力，卡罗素真的成为了那个时代著名的歌剧演唱家。当他回忆自己的成功之路时，感慨地说道："是母亲那句肯定的话，让我有了今天的成绩。"

也许，卡罗素的母亲从来就没有想到过儿子能成为一代名人，更没指望她的那三言两语能改变儿子的命运，然而，事实上，正是她的肯定成就了一位伟大的歌唱家。

肯定具有一种神奇的魔力，它能催人奋进、勇往直前，到达理想的彼岸。当孩子有了"我"的意识时，肯定对于他们来说就越来越重要了。父母应该多给予孩子肯定，也许能帮助孩子创造出辉煌的明天。

案例 1

林妈妈：我女儿今年 5 岁。女儿看到小区里有小朋友滑旱冰，就一直嚷嚷着想学。孩子喜欢运动本是件好事，不是我不想让她去学，而是因为她有一个很不好的习惯，就是对一件新鲜的事，只有三分钟的热度，没有恒心，有始无终。

以前，女儿看到要好的同学去学画画，就吵着也要去，可真的送她去学画画，还没学几次，便打起了退堂鼓，不去了。后来，女儿看到小区里几个跟她一起玩的伙伴拿着漂亮的泳圈去游泳，也吵着要去学游泳，拗不过她，我们给她买了装备，给她报名，送她去学。可是，因为学习过程中呛到了几口水，感觉不舒服，只学了两次，就又哭着不学了。

现在，女儿看到别人滑旱冰，又吵着想学，不让她去吧，她整天跟你闹；让她去学吧，我猜过不了几天，她又会半途而废。请问怎么才能帮助女儿改掉坏毛病呢？

您女儿今年只有 5 岁，看到有趣的事就想学，这很正常。喜欢学习、敢于探索这是好事，父母应该感到高兴才是。

孩子看问题凭的是直觉，不像我们成人，目的性那么强。孩子想学什么，往往就是觉得好玩、开心。有时候，他们只是想满足一下好奇心。孩子年幼、单纯，无法预料学习过程中可能会遇到困难，在突如其来的困难面前，容易退缩，这是孩子做事不能坚持下去的主要原因。

孩子出现这种情况，父母要在肯定孩子喜欢学习新鲜事物的热情和积极性的基础上，给予孩子理解和宽容，不能批评、指责孩子。孩子在学习新事物的过程中，出现半途而废的现象，大多是因为他们年纪小、经验不足、准备不充分和心理承受能力差，一时难以适应外部复杂的客观环境。

当然，也可能是孩子自身的原因。如果是外部原因造成孩子想放弃，那么就要设法帮助孩子适应外部环境。如果是孩子自身厌倦了，可以试着鼓励孩子坚持下去，如果鼓励无效，那就遵从孩子的意愿，尽量不要强迫孩子去做他们已经失去兴趣的事情。否则，不但不能收到预期的效果，还会出现孩子不开心，父母生闷气的尴尬局面。

对于做事不能坚持的孩子，父母最好事先跟孩子订立规矩、做好约定，做到奖罚分明。如果孩子能持之以恒、坚持下去，父母就应该及时奖励孩子；如果孩子半途而废、不能坚持，就应该取消孩子的一些"福利"，这样，对于培养孩子做事的恒心将大有裨益。

案例 2

郑妈妈：儿子今年9岁，上小学三年级。我跟老公都是单位的领导，我们希望儿子长大后能够出人头地。因此，在培养孩子问题上，我们的观点高度一致：对待孩子"严是爱、松是害"。

我们对儿子从小就要求特别严格，孩子做得好，我们认为这是应该的，

> 很少去肯定、表扬他；孩子做得不好，就会被我们批评、责骂。现在儿子做什么都不自信，性格也比较软弱，一点也不像我们。我担心儿子这样下去，将来会碌碌无为。请问怎样才能让孩子自信、阳刚一些呢？

孩子的可塑性很强，所以，外部环境对孩子的影响非常大。一个经常受到父母、老师肯定、表扬的孩子，他的内心就会越来越强大、自信。反之，一个经常被父母、老师批评、指责的孩子，则会认为自己不好、自己笨，什么也做不好。有的甚至会认为父母、老师不喜欢自己，陷入不安和自卑之中，久而久之，孩子就会变得不自信，性格软弱。

您的孩子缺乏自信、性格软弱，与你们平时对待他的方式有很大的关系。

父母平时对孩子要求严格没有错，但要求严格并不能与对孩子少肯定、多批评画上等号，正确的做法应该是：孩子表现好时，父母及时给予肯定、表扬；孩子表现不尽如人意的时候，父母多理解、包容，与孩子一起查找、分析原因，帮助孩子在遇到挫折以后，勇敢前行。只有这样，孩子才能重拾信心、有所成就。

第十二节 平等

平等，就是父母在与孩子交往过程中，把孩子视为一个有个性、有思想、有追求的独立的生命个体来看待，尊重孩子的人格，与孩子平等相处，为孩子营造宽松的成长环境。具体来说就是：

首先，父母要摒弃权威至上的观念。现实生活中，一些父母由于受传统思想的影响，担心跟孩子做了朋友，会失去自己在孩子心目中的"威信"，孩子会变得没大没小、不服管教。还有一些父母根本不顾及孩子的感受，喜欢把自己摆在"权威"的位置上，动不动就在孩子面前摆架子、耍威风，对孩子发号施令，以维护他们的"权威"和地位。

这些父母对待孩子的态度和做法，只会让孩子对他们敬而远之，人为地拉开亲子关系的距离。

父母应该主动放下家长的架子，将自己放在与孩子平等的位置上，与孩子交朋友。只有和孩子成了朋友，才能更好地跟孩子沟通、交流，及时了解孩子的内心世界，达到有效管教孩子的目的。

其次，父母要学会遇事多与孩子商量。中国式的父母总觉得小屁孩什么都不懂，喜欢替孩子做主。殊不知，孩子虽小，却心如明镜，心里清楚着呢。

如果父母能主动跟孩子商量，尊重、采纳孩子的合理意见，孩子就会觉得父母是爱他、尊重他的，就会很开心，亲子关系也会更加密切。同时，也会最大限度地激发和调动孩子的积极性和创造性，促进孩子的智力发展。

第三，父母要学会以孩子的视角去看世界。孩子处在成长发育阶段，心智还不成熟，父母应该站在孩子的角度去观察、考虑问题，而不应该以成人的标准去要求孩子。如果父母把孩子不尽如人意的表现与大人的错误同等对待，甚至上纲上线，就容易误解甚至伤害孩子。

因此，父母应该学会换位思考，站在孩子的立场来观察问题、考虑问题，这样，才能拉近跟孩子的心灵距离。

> **案例 1**
>
> **洪妈妈：**我儿子今年8岁。最近，家里买了新房，准备好好装修一番后再搬新家，孩子知道要装修房子后非常开心，无比兴奋地告诉我们说，他的房间打算怎么怎么装修，似乎要把他的房间装点成娱乐场似的。
>
> 我们觉得装修是件大事，应该讲究整体的格调，必须坚持我们的原则。如果按照孩子的设想去装修，孩子房间肯定会跟整体格局不太协调，会让人觉得没有品位。为此，我们否定了孩子的想法，没想到孩子反应非常激烈，立马号啕大哭，还冲着我们大声嚷嚷。
>
> 好好的一件事，被孩子这么一闹腾，大家心里都不舒服。请问装修这么大的事，父母也要听孩子的意见吗？

买新房对于每个家庭来说都是件大喜事。装修房子毫无疑问也是一件大事。

生活中，常常会听到父母这样说："我们所做的一切都是为了孩子。"相信父母说的是真心话，更相信每位父母都是爱自己孩子的。问题在于并不是每个父母都懂得怎么去爱孩子。

爱孩子，首先就应该尊重孩子的人格。孩子虽小，也是人格独立的个体，孩子的房间，是要给孩子住的，父母既然爱孩子，就应该尊重孩子，把装修的权力"下放"给孩子。这样，不仅能调动孩子的想象力、创造力，还会让孩子有很强的成就感。等到搬进新家后，孩子每次进房间，都会感觉很开心、很快乐，这不正是我们做父母所期待的结果吗？

> **案例 2**
>
> 我儿子今年15岁，上初中三年级。我们平时上班比较累，晚上喜欢

> 看看电视，调节、放松一下心情，可儿子总会时不时地以喝水、上厕所的名义，从房间里出来，经过客厅时，会故意多逗留那么一会儿，看几眼电视，每次都要我们反复催促，才不情愿地回房间学习。
>
> 儿子马上就要中考了，学习还这么不上心，真让人为他担忧。请问怎么才能帮助孩子改掉这个不好的习惯呢？

听了您的陈述，我认为孩子之所以会出现您所说的这种情况，其根本原因就在你们身上。想要让孩子改掉爱看电视、不用功学习的习惯并不难，主要看你们乐不乐意去做。

孩子虽小，但在人格上与父母是平等的，父母不能享受"特权"，自己随心所欲，想做什么就做什么，却处处限制、控制孩子。在看电视这个问题上，父母与孩子的"权力"也是平等的。如果父母自己观看，却不让孩子观看，孩子就会觉得父母不公平，自己受委屈了，这不利于孩子的学习和健康成长。

父母是孩子的榜样，既然你们知道孩子马上就要中考了，说明你们已经意识到时间对于孩子来说越来越珍贵。在这么重要的时间节点上，为了孩子能够安心学习，你们应该克制一下自己，尽量少看或不看电视，为孩子做榜样。

父母有责任和义务给孩子创设安静、无干扰的学习环境。如果父母不看电视，孩子就没必要以喝水、上厕所的名义故意在客厅逗留。要孩子改掉偷偷跑出来看电视的毛病，就看你们愿不愿意了。

第十三节
自由

自由，对于人类来说，就是可以活出真我。对于儿童来说，自由，就是指儿童的行为、心理、意志、情感等不受外力的支配和压迫。

如果父母想让孩子成为他自己，就必须给孩子自由。否则，孩子要跟"自我"分离，成为别人的替代品，是为外物和别人而活着，就没有安全感、幸福感。

自由，包含了对生命和对生命成长法则的尊重。孩子在自由、轻松的环境下，才能保持最好的状态，才能健康、快乐成长。

当然，自由是有条件的，父母给孩子自由的前提是孩子能自觉遵守规则，而不是放纵。

案例 1

杨妈妈：我女儿今年5岁。为了保护她的视力，我们一直试图控制她看电视的时间，可女儿毕竟还小，不明白我们做父母的良苦用心，经常在看电视这个问题上跟我们闹别扭，我们越限制她，不让她看，她就偏偏要看，哭闹、耍赖等手段悉数上演，我们常常被她折腾得没办法。请问在看电视这个问题上，父母要怎么做才比较好呢？

向往和追求自由是每个人的天性。谁都不喜欢自己受到太多的限制和约束，失去自由。

意大利著名教育家蒙台梭利曾经说过："我们要做孩子精神上的仆人，而不是主人。"每个人的身上都具有很大的潜能，孩子也是如此。父母要相信孩子的天性都是淳朴善良、积极向上的。多给孩子一些尊重和信任，给他一定的自由，放手让他去做喜欢的事。孩子拥有自由，身上的自律潜能容易被激发，会知道什么事能做，什么事不能。

因为您一直十分关注女儿看电视这件事，对她控制太严，孩子心里很有可能想"你越控制不让我看，我就偏偏要看，看你怎么办？"一旦孩子发现在看电视这个问题上可以引起父母对自己的关注，孩子就会不断在这个问题上制造跟父母的摩擦，这样，就无意中强化了孩子看电视的行为，让孩子喜欢上了看电视。

要想您女儿减少看电视，您首先要减少对女儿看电视这件事的关注，最好把看电视的权利交给孩子，提前跟女儿做好约定，告诉女儿如果她能够自觉遵守约定，那么每天可以让她看一段时间，但如果她违反了约定，就只能取消她一次或几次看电视的机会，让女儿知道您是民主的，是尊重她、信任她的。

当然，您女儿毕竟只有5岁，自制自律能力尚弱，一开始可能出现违反约定的情况，这时，您就应该坚持原则，平静但坚定地告诉她：你已经违反了约定，妈妈不得不取消你一次看电视的机会。这样，她就会明白妈妈说话是算数的，就不会再去触碰妈妈的底线。

此外，您平时若能多陪女儿做做游戏，或带她参加户外活动等，都能有效分散孩子的精力，减少孩子看电视的时间。

案例 2

胡妈妈：我儿子今年3岁。有一天，我带他到体育场游玩，发现一个宽1米左右、高2米多的栅栏状的运动器械，主要用于压腿、拉韧带。小孩都喜欢手脚并用，一级一级往它的栏杆上攀爬，胆子稍大一点的能爬到最顶端，再从器械的一边跨到另一边，然后，从顶部一级一级往下爬，玩得特别开心。

儿子看到比他个头小的小朋友都能轻松地爬上爬下，心里痒痒的，也想去攀爬玩耍。可又不敢一个人去，就拉着我的手，想让我陪着他去玩。

我看他这么胆小就来气，对他说："别人比你小都可以自己玩，你为什么就不敢？想玩你就自己去玩。"说完，我甩开他的手。也许是儿子以前从来没玩过这种器械，心里胆怯，被我这么一训斥，儿子突然哭了起来。

看到孩子哭，我的心又软了。我冷静一想，儿子胆小，应该跟我们平时对他限制太多，很少给他锻炼机会有很大关系，不能把责任都推到孩子身上。请问怎么才能让胆小的孩子变得勇敢一些呢？

孩子看似弱小，其实蕴藏着强大潜能。父母充分信任孩子，给孩子足够的自由，多给孩子提供锻炼、体验和试错的机会，理解、包容孩子犯错，就能有效增强孩子的安全感和自信心，孩子就会勇敢地去做各种尝试，潜能就会被充分激发出来，能力、素质也会逐步提高。

其实，父母处处控制、约束孩子，不给孩子自由的空间和锻炼的机会，客观上造成孩子失去了发展的自由，能力素质就无法得到提高。您平时过多限制孩子的活动，孩子很少有锻炼和试错的机会，缺乏应对未知事态的能力和经验，心中没底，遇事缺乏自信，胆子自然就小了。一个缺乏自由，在压抑、控制中长大的孩子，肯定是缺乏自信的，这就是您孩子不敢大胆一个人去尝试攀爬的真正原因。

第十四节
拥抱

拥抱，是人类最简单、最原始的一种交流方式，代表着信任和友好，是一种不需要刻意学习就能熟练掌握的世界通用语言，是一种无言的力量。

拥抱，还是一种良好的亲子互动方式，代表着父母与孩子之间的亲密关系和爱意，父母经常拥抱孩子，孩子在情感上就不会感到"饥渴"，就能快乐而健康地成长。

然而，受传统观念的影响，中国的父母表达情感的方式大多比较内敛，不太习惯用拥抱的方式与孩子进行交流，尤其是对于年龄稍大一些的孩子，更是如此。

父母的拥抱是孩子健康成长的"灵丹妙药"。其实爱并不需要太多语言，只需要一个轻轻拥抱便已足够。父母拥抱孩子至少具有以下四大好处。

1. 能够给予孩子大脑有效的刺激，促进孩子的大脑发育。
2. 能够有效增强孩子的安全感和自信心。
3. 能够消除孩子的沮丧，提升免疫系统的效率，具有疗愈功效，有助于促进孩子的身体发育和疾病治疗。
4. 能够让孩子感觉到"我是被爱、被尊重的"，从而促进亲子依恋关系的建立。

案例 1

刘妈妈： 我儿子今年5岁多，好奇心强。一次，我带儿子到超市购买东西，儿子的视线一下子就被货架上琳琅满目的商品吸引了。他跟在我后面，这里看看、那里摸摸。到日用品区域时，儿子找他感兴趣的商品去了。等我挑好物品时，发现儿子不见了。我慌了神，四处寻找。

我费了好大的劲通过超市的广播帮忙，好不容易找到了因受惊吓正在一旁哭泣的儿子。看到他哭得那么伤心，我赶紧劝他不要哭，没想到儿子反而哭得更伤心了。请问父母与走散的孩子重逢后，该怎么安抚孩子？

父母与走散的孩子重逢后，首先，应该给孩子一个紧紧的拥抱。此时，父母的拥抱胜过任何语言，能有效减轻孩子心中的恐惧，增强孩子的安全感。如果父母没有用身体去拥抱孩子，只是用言语安慰孩子的话，则无法在短时间减轻孩子的恐惧感，孩子仍然会哭泣不止，试图用哭泣的方式来消除心中的恐惧，这就是父母越是劝说孩子不要哭，孩子反而哭得更伤心的主要原因。

拥抱过后，父母应该蹲下来安慰孩子，引导孩子把与父母失散后的恐惧表达出来，如果孩子自己无法表达，父母应该替孩子说出当时的感受，让孩子知道父母理解他当时的感受，这样，就能有效平复孩子的情绪。接下来，父母应该安慰孩子说："刚才，你只是没有看到爸妈而已，并不是爸妈不要你了。"消除孩子的恐惧，避免给孩子造成心理阴影。

案例 2

张妈妈：儿子 11 个月大，正在学走路，经常走不稳，跌倒后，就趴在地上哭，等着我们去扶，不扶他就赖着不起来。

我看别的小朋友学走路时，跌倒了大多是自己爬起来的，为什么我儿子跌倒后，非要我们去扶他不可呢？请问我们该怎么做？

一岁左右，正是大多数孩子学习走路的黄金时期。由于孩子大脑、骨骼、肌肉等都正在发育，小脑不够发达，腿部力量比较薄弱，身体平衡能力也比较差，所以，容易站不稳、跌倒，但一般不会受伤。大多数孩子学走路时，跌倒了都会自己爬起来，这是孩子的本能。

如果孩子跌倒后，家长很快将他扶起，或者他跌倒哭泣后，家长表现出很紧张的样子，他就会觉得父母很在意他，很有意思，可以控制父母。当他再跌倒时，就不会自己起来或会开始哭泣，正是父母的不当处理方式和过度关注，助长了孩子的这种行为。

孩子跌倒时，父母正确的做法是：用慈爱的眼神注视他，用坚定的语言鼓励他自己站起来，比如，可以说："宝宝，你真棒，相信你自己可以勇敢地站起来！"然后，在孩子前方张开双臂等待。当孩子自己站起来时，父母应该及时给孩子一个温暖而又有力的拥抱，父母的拥抱和鼓励，能极大地增强孩子的自信心和克服困难的勇气，孩子就会大胆地去做新的尝试。

第二章

早教助您的孩子如虎添翼

从孩子呱呱坠地起，孩子的未来就牵扯着父母的心，孩子的教育问题更是父母关注的焦点。在"为了不让孩子输在起跑线上"思想的影响下，早教成了广大父母普遍关注的对象。

早教有没有必要，一直是专家、学者争论不休的问题，也是困扰许多父母的现实问题。尽管专家、学者观点不一、莫衷一是，但主流的观点都是赞同的，问题在于早教要从什么时候开始？教什么？怎么教？

第一节
早教的科学依据

早教是早期教育的简称。从广义上说，它是指针对0~6岁婴幼儿的教育；从狭义上来讲，它特指针对0~3岁婴儿的教育。早教的实质就是按照婴幼儿各个时期身体发育和心理发展的规律和特点，对婴幼儿大脑的"潜能"进行科学、系统、全面的开发，为孩子未来的发展奠定坚实的基础。

德国著名的教育家，近代早期教育的奠基人福禄贝尔，被誉为"早期教育之父"，他主张教育必须顺应自然，教育的目的就是要指导儿童发展自由的人格。

俗话说：三岁看大，七岁看老。这句话的意思是从孩子三岁时的表现，可以看出孩子长大后的情况；从孩子七岁时的表现，能够看出孩子一生的状况。也就是说一个人将来能够有什么作为，很大程度上是由这个人在0~6岁这一重要时期的生长发育情况所决定。

这是有科学依据的。国内外科学研究表明：0~6岁是孩子大脑发育的重要时期，而0~3岁则是孩子大脑发育速度最快的阶段：一般情况下，新生儿出生时脑重为370克左右，1岁时，婴儿的脑重达到900克左右，3岁时，婴儿的脑重可达1200克左右，3岁以后，幼儿的脑发育速度就明显变缓。到了6岁，幼儿的脑重基本接近成人的脑重，大脑发育基本成熟。

对于0~3岁的孩子来说，由于他们的大脑处于快速发育阶段，因此具备了天才般的吸收能力，在好奇心和探索欲的驱使下，孩子的大脑犹如干渴已久的海绵，尽情地汲取着各种知识。这个时期的孩子，只要大人肯教，孩子时刻都可以学。

脑科学研究成果为早教提供了科学依据。研究表明：人的大脑是自然界最为复杂的物质，也是人体内结构和功能最为复杂的器官。通常情况下，人们所说的大脑，一般泛指整个人脑，包括脑干、间脑、端脑（也叫大脑）和小脑。而医生、心理学家等专业人士所说的大脑，一般是专指人的端脑，即人的大脑部分。人的大脑主要由脑细胞组成，脑细胞又可分为神经细胞（也叫神经元）和神经胶质细胞。神经细胞由细胞体、树突和轴突三部分构成，是神经系统的基本结构和功能单位，大脑功能主要是由神经细胞决定的。神经胶质细胞是脑细胞中除神经细胞以外的所有细胞，具有支持、滋养神经元的作用，也有吸收某些活性物质的功能。在人的大脑中，神经细胞的细胞体和树突密集分布在大脑的表层，因它们的颜色较深，呈灰色，故科研人员将人的大脑表层称为大脑灰质，或大脑皮层、大脑皮质，其总重量约为600克，总面积约为0.2平方米，大脑灰质高度发达是人脑的主要特征。根据大脑灰质不同部位所具有的特殊功能，科研人员通常将大脑灰质划分为四个区域（也叫脑功能区，简称脑区）：以躯体运动功能为主的额叶、以躯体感觉功能为主的顶叶、以听觉为主的颞叶和以视觉功能为主的枕叶。大脑白质是大脑内部细胞体轴突密集分布的区域，因轴突的外部包裹着一层绝缘的白色薄膜（即髓鞘），故科研人员将大脑内部神经细胞轴突密集分布的区域称为大脑白质。大脑灰质和大脑白质是构成大脑的两大主要物质，跟人的智力关系极为密切。

　　脑神经专家研究发现：胎儿从3个月起脑细胞进入快速发展阶段，平均每分钟急剧增殖25万个，婴儿出生时，大脑中约有1000亿个脑神经细胞。神经元一经形成，就会立即沿着由神经胶质细胞组成的束状组织，从出生地迁移到大脑内部的合适区域，并在那里扎下根来。科研人员将人体大脑中的脑神经细胞按照其发育的成熟度分为三种类型：第一类是已经充分发育的脑神经细胞。这类神经细胞发育的成熟度最高，每个神经细胞有多达数万条线路与其他神经细胞联络，这类神经细胞主要用来完成大脑中有较大难度的工作。第二类是未充分发育、处于半抑制状态的脑神经细胞。这类神经细胞的发育成熟度相对较低，每个神经细胞一般只有少量的线路与其他神经细胞发生联系，这类细胞主要承担大脑中一些较为简单的工作。第三类是完全没有发育、处于完全抑制或沉睡、待激活状态的原始状态脑神经细胞。这类脑神经细胞既不会马上死亡，也不参与工作。美国芝加哥医学院神经生物学家莉莎·艾略特把主要由脑神经细胞构成的大脑比作一套功能不太完备的电话设施，每个脑神经细胞犹如一部独立的电话机，发育完备的脑神经细胞犹如线路已经连接好了的电话机，能很好地发挥通讯功能；发育不太好的脑神经细胞犹如线路连接不太好的电话机，虽然能通话，但通讯功能不太理想；完全没有发育的脑神经细胞犹如没有任务线路连接的电话机，完全无法起到通讯功能，需要架设线路，才能使电话机发挥应有的通讯功能。总之，虽然人的大脑中脑神经细胞数量极其庞大，但因发育程度不同，绝大多数的脑神经细胞发育不太完备或根本就没有发育，所以，大脑强大的功能就无法充分发挥出来。

  脑神经细胞是高度分化的细胞，只能在子宫里生长，胎儿出生后，就不能再分裂增殖了，而且，脑神经细胞还具有"用进废退"的特点，处于一种连续不断地死亡且永不复生增殖过程中。脑神经细胞生成后，除少数已经发育、发挥功能外，绝大多数都处于休眠待激活状态，需要通过外界丰富的信息刺激，才能被激活和唤醒。如果错过了被激活和唤醒的最佳期限，它们就废了，会丧失相应的功能，影响到智力的发展。

  大脑的结构不是生来就定型的，而是在早期接受各种刺激的过程中逐渐形成的，即大脑具有很强的可塑性，良好的环境和教育刺激可以从根本上改变大脑的微观结构和大脑的性能。早期教育就相当于从外部给大脑输入信息，给脑细胞发育创造一个良好的环境，去激活和唤醒处于待激活状态的脑神经细胞。脑神经细胞被激活和唤醒后，就会自动开启发育模式。孩子大脑早期接受的外部刺激越丰富，被激活和唤醒的脑细胞就会越多，脑细胞的树突和轴突的数量也会越多，大脑内突触的数量自然就会越多，不用的细小突触会在一定时间后自行退化，只有接受过信息刺激、使用过的突触才能存活下来，孩子接受到的外部刺激越丰富，保存下来的突触数量就会越多，孩子就会越聪明。

生物学家、教育家提出的敏感期理论也为早教提供了科学依据。

所谓的"敏感期"是指个体最容易学会和掌握某种知识技能和行为的特定时期。在这一特殊时期，个体对形成某些能力和行为的环境影响特别敏感，当习得某种行为和能力的敏感期到来的时候，孩子的内心会产生一股无法遏止的激情和动力，驱使孩子对所感兴趣的特定事物产生尝试或学习狂热，直到满足内在需求或敏感力减弱，这股动力才会消失。在敏感期内，对孩子进行有针对性的教育，给孩子正在发育的神经细胞丰富的信息刺激，有利于开发孩子的智力，孩子学起来容易，学得快，能够起到事半功倍的效果。

在孩子成长过程中，由于大脑中不同功能的神经元成熟时间各不相同，因此，不同功能的神经元能产生突触连接和髓鞘形成的时间也不相同。某种功能的神经元能进行突触连接和髓鞘形成的时期，就是某项技能的最佳学习时期，这个特定的时期就是这种技能学习的关键期或敏感期。在婴儿成长的某个特定时期，由于某种神经细胞的成熟，容易伸出树突和轴突，与有关的神经细胞联系形成回路网络，能作出特定的反应，学会某种技能。由于髓鞘形成，某种技能就能经过多次复习而得到巩固，如果错过时机，神经元已经老化，不容易伸出突起与别的神经元发生联系，学习就会成为一件困难的事或难以完成的任务。蒙台梭利说过，每个幼儿在不同的月龄阶段会表现出不同的敏感期，在敏感期内幼儿会对某种特定技能表现出强烈的兴趣和学习能力。若能够在各敏感期内给予相应的刺激学习，则幼儿能很快获得该种能力。

人类智力发展随年龄增长而递减，这一法则告诉我们，父母如果想把子女培养成出色的人才，就必须从小对孩子进行智力开发和教育，而不是等到孩子上了学以后才开始。

德国的早教先行者卡尔·威特曾经说过："每一个孩子都具备成为'天才'

的潜质,等待着父母去探究、开发和培养。孩子最终是成为天才,还是庸才,不是决定于天赋的多少,而是决定于出生后到五六岁时的教育。"卡尔·威特根据自己的教育理念和教育方法,最终把出生后发育有些迟缓的儿子培养成了震惊世界的"天才",用铁一般的事实,向世人证明了早期教育的神奇功效。后来,他把培养儿子的经历写成了一本书《卡尔·威特的教育》。从该书问世至今,许多有幸读到这本书并且按书中的理念和方法去做的父母,也像卡尔·威特一样,成功地培养出了极其优秀的子女。日本教育家木村久一按照卡尔·威特的教育理念和方法,为日本培养了一大批杰出的人才。在中国,哈佛女孩刘亦婷的母亲刘卫华在卡尔·威特理论的指导下,将女儿培养成了出色的人才——同时被美国四所顶级名校包括哈佛大学录取的优秀考生。

生命是一段精彩的旅程,育儿更是父母无止的修行。孩子在生长、发育过程中,越早接受外部丰富的刺激,其大脑中被激活和唤醒的脑细胞就会越多,孩子的智商也就越高。因此,对孩子脑潜能的开发越早越好。父母如果想要最大限度地开发孩子大脑的潜能,就一定要抓住孩子0~6岁这一特殊时期,给孩子提供充足的营养,保证大脑健康成长;提供丰富的外部刺激,尽可能多地激活孩子大脑中的待命细胞,保证大脑内部组织结构快速、健康地发育。

第二节
早教,教与不教天壤之别

19世纪,在德国有一位这样的天才:八九岁时,就能自如运用德语、法语、英语、意大利语、拉丁语和希腊语等6种语言，并且，通晓动物学、植物学、物理学和化学，尤其擅长数学。9岁时考入莱比锡大学，10岁进入哥根廷大学，12岁发表关于螺旋线的论文，受到学者好评，13岁时出版《三角术》一书，14岁时被授予哲学博士学位，16岁时获法学博士学位，并被任命为柏林大学的法学教授，23岁时，成为优秀的法学家和研究但丁的权威。

这位神奇的"天才"就是震惊世界，尤其是教育界的卡尔·威特。

不了解卡尔·威特成长经历的人，很可能会误以为他能取得如此惊人的成就，肯定是他的天赋明显高于常人！事实恰恰相反，据史料记载：1800年7月，卡尔·威特出生时，四肢抽搐、呼吸急促，看上去先天发育不良、反应也比较迟钝，似乎有"痴呆"的征兆。也就是说卡尔·威特出生时不仅不具备天才的特质，甚至连普通孩子的基本天赋都达不到。

有人不禁要问：像卡尔·威特这样先天有些不足的孩子，后来是怎么变成"天才"的呢？据史料记载，卡尔·威特的成功，完全取决于其父亲老卡尔·威特卓越的教育理念和高超的教育方法。

老卡尔·威特是一位非常有创造性的牧师，他认为：孩子的天赋是有差异的，有的孩子多一点，有的孩子少一点，然而这种差异是有限的。假设天生的"天才"的天赋为100，那么智障儿童的天赋大约只能在10以下，而一般孩子的天赋大约在50左右。如果所有的孩子都能接受同样有效的教育，那么他们的命运就取决于其天赋的多少。但是，一般来说，孩子接受的教育都不够有效，所以他们的天赋连一半也发挥不出来。比如说天赋为80的只能发挥出40，天赋为60的只能发挥出30。但如果孩子接受的是能够把孩子的天赋发挥到八九成的有效教育，那么，即使孩子的天赋只有50，也会超过天赋为80，但接受不够有效教育的孩子。

老卡尔·威特敏锐地意识到：要使孩子的天赋发挥出八九成，必须尽早开始教育，对子女的教育必须同孩子的智力曙光同时开始。他始终坚信：每一个普通的孩子，如果能够受到良好的早期教育，都可以成为杰出的人才。在这种理念的支配下，尽管他的儿子卡尔·威特出生时智商比一般的孩子低，甚至被邻居认为是个智障儿童，但他依然对儿子有信心，始终没有放弃自己的主张，坚持按照自己的计划对儿子进行早期教育。令人振奋的是：最终，老卡尔·威特成功了！他硬是把一个先天不足的孩子培养成了举世闻名的"天才"，用铁的事实，印证了早期教育的神奇功效。

表弟吴杰因为早教出类拔萃

表弟吴杰是我舅舅的独生子。1988年出生于浙江衢州的农村。舅妈是村里的小学老师。舅妈在表弟还不到一岁时，就对表弟进行早教。1993年表弟上小学时就显示出了异于同龄人的超强学习能力和素质。2004年表弟从浙江省重点中学毕业时，是当年该校毕业生中年龄最小的，且成绩优异，被浙江大学录取。2013年，年仅25岁的表弟，顺利获得了浙江大学信息通信工程的博士学位。

对于舅妈把表弟吴杰培养成令亲戚朋友交口称赞、引以为豪的"学霸"一事虽常有耳闻，但具体细节我却并不太了解。在撰写本书期间，我特地跟舅妈进行了一次长谈，了解舅妈对早教的看法。

舅妈用非常坚定的语气告诉我"早教肯定是很有必要的！如果没有早教，肯定就没有吴杰的今天！"随后，舅妈非常详细地向我介绍了她是如何就地取材对表弟实施早教。比如，利用火柴梗、小树枝和小石子等教表弟数数和加减运算；利用随处可见的广告牌、路标和对联教表弟识字；利用一切可利用的时间，用儿童可理解的方式，配合适当的手势、表情、姿势和语调去跟表弟交流，锻炼和提高孩子的语言能力；通过做游戏的方式，让表弟在轻松、愉悦的氛围下，学习知识、提高技能；利用自己给学生上课的机会，将表弟带到教室，潜移默化，培养表弟的学习兴趣，也让表弟学到了不少有趣的知识等。用舅妈自己的话来概括就是：父母应该抓住孩子大脑发育最关键的时期，尽量利用现存的实物，通过做游戏等符合孩子身心发展的方式，寓教于乐，让孩子在"玩"和"练"的过程中，去观察世界，去体验生活，从而，最大限度地开发孩子的潜能，提高孩子的能力，促进孩子的成长。

如今，一提起孩子的教育问题，只要熟悉我舅妈家庭情况的人，都会情不自禁地对我舅妈竖起大拇指，称赞她教子有方，而我舅妈却总是谦虚地笑笑说："其实，也没什么，只是我那时是一个老师，比较早对孩子进行智力开发而已，并没有什么过人之处。"是的，正是由于早教，舅妈培养出了一位出色的孩子。

意大利男孩托蒂一只眼睛离奇失明

据媒体报道：意大利有个名叫托蒂的男孩，他的一只眼睛非常"奇怪"，说它奇怪是因为眼科大夫通过多次仔细检查，均发现男孩的这只眼睛在生理上是完全健全的，但功能上却是失明的。为什么会出现这种匪夷所思的现象呢？

原来，当小托蒂出生时，他的一只眼睛不慎被细菌感染了。为了治疗眼疾，眼科医生习惯性地用绷带把他的眼睛包扎起来，时间持续了两个星期。对于正常人来说，如果眼睛不适，把眼睛遮盖起来十天半个月，不会出现什么大问题，但对于一个刚刚出生、大脑视神经组织正处于构建发育关键期的婴儿来说，那结局就大不一样。因为哺乳动物的神经细胞具有典型的"用进废退"特征，由于小托蒂刚出生，他的一只眼睛长时间没有接受任何外界刺激，致使为这只眼睛服务的大脑神经组织失去了被"激活"的机会，最终导致这只眼睛失明。

后来，科研人员又在动物身上做了多次实验，结果都相同：被试眼睛的生理结构都正常，但功能丧失。原因是被蒙住的这只眼睛错过了感光的最佳时期，因而丧失了眼睛的基本功能。

生物心理学研究发现，在各种动物的发育过程中，会出现各种各样的发展敏感期，如果不能在敏感期很好地去发展对应的行为和能力，那么，以后再想去发展就非常困难。例如小鸡追随母亲的敏感期大约是在小鸡出生后 4 天内，如果在最初4天里不让刚出生的小鸡跟在母鸡身边，4天后小鸡就很可能不会跟随母鸡了。人类的潜能也是这样，儿童宝贵的潜能如果不能在其敏感期得到发展，就会被"埋没"。作为父母，我们一定要善于抓住孩子生长发育的各个敏感期，通过早期教育和潜能开发，使孩子身上的功能细胞获得饱满刺激，为孩子的发展创造条件，促进孩子的身体发育和智力发展。如果错过了潜能开发的敏感期，孩子身体功能和智力发展就可能受阻，严重的甚至消失。

印度狼孩学习语言困难

1920年，在印度东北部加尔各答的米德纳波尔丛林中，人们发现了两个被狼衔去哺育的女孩，大的约为8岁，小的约为2岁。人们给大女孩取名卡玛拉，小女孩取名阿玛拉，后来，这两个女孩被送到米德纳波尔的孤儿院去抚养，她们就是曾经轰动一时的印度狼孩。

研究人员发现：这两个女孩大约都是在她们出生后半年左右被狼衔去哺育的。因为从小与狼一同生活，她们的生活习性几乎与狼一样：不会说话，发音独特，像狼那样嚎叫；不会直立行走，依靠手脚爬行，耳朵如狼耳那样会动；惧怕火、光和人，却亲近猫、狗等动物，白天安静，夜晚却到处乱窜……显然她们已不适应人类生活习惯。小狼孩阿玛拉在被送到孤儿院的第二年就夭折了；大狼孩卡玛拉虽然活到了17岁，但智力相当于三四岁的孩子。

印度狼孩的故事说明：人类的知识与才能不是生来就有的，直立行走和言语也并非天生的本能，所有这些都是后天社会实践和劳动的产物，这完全符合心理学的理论。发展心理学告诉我们，任何学习都存在最佳期限，儿童在最佳期限最容易习得某种知识和技能，或形成某种心理特征。如果在最佳时期学习，能起到事半功倍的功效，促进孩子智力发展。过了最佳时期，功能易出现障碍，且难以弥补。0~6岁是儿童言语发展极为重要的阶段，一旦错过，就会出现重大障碍。狼孩卡玛拉被发现时，已经8岁左右，在大脑发育的关键期，脱离了人类社会的环境，错过了言语发展的关键期，人的潜在智能也被埋没了。尽管人们花了很多的时间和很大的精力对她进行逆转教育和补偿教育，收效甚微。经一年训练，狼孩才会站起来走几步，训练两年，才露出一丝微笑，三年后才学会晚上睡觉白天活动，四年后才学会6个单词，五年后学会用手握勺子喝汤，17岁死去前只会说45句常用话。由此可见，早期教育对于人的一生的作用有多大。

意大利著名教育家蒙台梭利认为，环境对人的智力、心理的发展举足轻重。因此，父母在陪伴孩子的过程中，要了解孩子心理发展的敏感期，细心观察，在孩子发展敏感期出现前，营造良好的环境，给孩子的成长发展创造良好条件，给予孩子有针对性的教育，协助孩子成长，唤醒孩子的灵性和创造力，促进孩子能力发展和素质提升。

总之，在孩子的成长发育过程中，会出现各种发展敏感期，如果能够在孩子的发展敏感期有针对性地给予孩子丰富的信息刺激，孩子大脑的潜能就能很好地被挖掘出来。因此，对孩子的教育肯定是越早越好，从孩子出生后，就应该开始对孩子进行教育，给予孩子符合大脑发育特点的各种刺激及教育机会，让孩子的各种能力，包括视觉、听觉、触觉、味觉、嗅觉等的感觉、知觉以及动作功能和语言功能都在相应的阶段得到及时、充分的发展，给孩子储存宝贵的早期认知经验。

第三节
抓住敏感期，
教育事半功倍

蒙台梭利指出，所谓儿童的"发展敏感期"，主要指孩子在0~6岁这个年龄段，出于自身发展的内在需要，会突然对某种事情或事物发生特别的兴趣，甚至出现狂热的状态。在敏感期内，孩子最容易习得与这种发展敏感期相对应的行为和技能，起到事半功倍的效果。

为了帮助家长及时了解、捕捉、把握孩子不同时期出现的发展敏感期，心理学、教育学专家通过长期的观察和研究，将儿童在0~6岁期间出现的敏感期归纳为9个，见下表。

幼儿发展敏感期出现的时间及主要特征一览表

序号	敏感期名称	出现时间	主要特征表现及注意事项
1	语言敏感期	0~6岁	婴儿的语言敏感期出现极早，当婴儿开始注视大人说话的口型并发出咿呀学语声时，就预示着孩子的语言敏感期到来了。父母要细心观察并科学训练，多跟孩子说话，讲故事等，让孩子在这一时期多接受语言信息的刺激，为孩子语言能力的发展打好基础。

幼儿发展敏感期出现的时间及主要特征一览表（续表1）

序号	敏感期名称	出现时间	主要特征表现及注意事项
2	秩序敏感期	0～4岁	处于秩序敏感期的孩子对生活环境中的物体位置和生活秩序等非常敏感，一旦发现熟悉的环境发生变化，孩子会产生恐惧感，会要求父母将物品摆放位置或环境恢复原样，否则，就会哭闹，如果孩子出现这种现象，就预示着孩子的秩序敏感期到来了。父母要尽量为处于这一时期的孩子营造一个熟悉、有序的环境，这样，不仅能有效增强孩子的安全感，而且也有利孩子身心的健康发展。
3	感官敏感期	0～6岁	婴儿从出生起，就会借助触觉、嗅觉、味觉、听觉和视觉等感觉系统来熟悉环境、了解事物，发展记忆力和思维力。3岁前，婴儿通过潜意识认识事物，3～6岁，婴儿能通过感官分析，判断事物。父母应让孩子多接触大自然，利用大自然的信息来刺激孩子感官的发育。
4	对细微事物感兴趣的敏感期	1.5～4岁	当孩子有一天突然对地上的小线头、小蚂蚁和草丛中的小花瓣、小树叶等细小事物发生兴趣时，这就预示着孩子对细微事物感兴趣的敏感期来临了。父母要理解孩子，不能因为怕脏、怕孩子被虫子叮咬或怕浪费时间等制止孩子的行为，应正确引导，努力培养孩子敏锐的观察力、专注力和比较能力，帮助孩子养成细致、周到的良好习惯。
5	动作敏感期	0～6岁	活泼好动是孩子的天性。0～6岁这个阶段都是孩子的动作敏感期，这个时期的孩子喜欢抓玩具、扔东西、捉迷藏。喜欢不知疲倦地走、跑、跳。父母应尊重孩子的天性，给孩子提供条件，提高孩子的手眼协调能力，帮助孩子做出正确动作，这样不仅能够培养孩子良好的生活习惯，还能有效开发孩子大脑，促进孩子智力发展。

幼儿发展敏感期出现的时间及主要特征一览表（续表2）

序号	敏感期名称	出现时间	主要特征表现及注意事项
6	社会规范敏感期	2.5～6岁	孩子在2岁多时，不管父母对他提什么要求，都会以"不"字来回应，好像故意跟大人作对似的，而且，喜欢占有和私藏东西，喜欢跟他人打交道、交朋友，如果孩子身上出现了这些现象，就预示着孩子的社会规范敏感期到来了。父母应该帮助孩子建立明确的生活规范和日常礼仪，使孩子今后成为一个自觉遵守社会规范的好公民。
7	书写敏感期	3.5～4.5岁	孩子到了3岁多时，会突然对涂鸦产生兴趣，会拿起笔到处乱写乱画，这预示着孩子的书写敏感期到来了。父母不能约束孩子，不能呵斥、打骂、制止孩子的行为，而应引导孩子在合适的地方，比如纸张、写字板上书写涂画，要呵护孩子的书写热情，培养孩子良好的书写涂画习惯。
8	阅读敏感期	4.5～5.5岁	孩子到了4岁后，会突然喜欢认广告牌、门牌、路标上的字，喜欢看书。这预示着孩子的阅读敏感期来了。父母应努力为孩子营造良好氛围，比如为孩子选择合适的读物，创造舒适的学习环境，培养孩子的阅读兴趣，帮助孩子养成阅读的良好习惯。
9	文化敏感期	6～9岁	孩子一般在3岁左右，随着语言、音乐等能力的增强，就会开始对文化学习萌发兴趣。到了6～9岁，对缤纷世界的好奇心会进一步增强，探究事物的欲望会愈发强烈。父母应该为孩子提供丰富的文化资讯，让孩子到广阔的知识海洋里去遨游，去探索。

敏锐捕捉、及时把握和充分利用孩子的敏感期发展相应的行为和技能

心理学研究发现：敏感期不仅是孩子学习的关键期，也是孩子心灵和人格发展的"黄金期"，对于孩子的成长发育具有极其重要的影响。然而，现实生活中，并不是每个家长都清楚孩子什么时候会出现什么敏感期，因而错过充分利用敏感期发展孩子相应行为和技能的机会。

孩子的九大发展敏感期

一、孩子的感官发展敏感期

触觉、嗅觉、味觉、听觉、视觉是人类的五大感觉器官，孩子出生后，就是依靠这些感觉器官来认识世界、发展自我的。

在孩子的感官发展过程中，会出现喜欢吃手、咬人、扔东西、涂色、听声音、玩沙子和水、讨厌更换奶粉品牌等现象，这些都是父母发现和判断孩子是否已经到了感官发展敏感期的重要依据。

孩子的感官发展敏感期主要包括：听觉敏感期（0～4个月）、视觉敏感期（0～6个月）、味觉敏感期（4～8个月）、嗅觉敏感期（6～10个月）和触觉敏感期（0～12个月）。感觉器官发展敏感期是孩子身心发展的基础期，也是探索事物、认识世界的关键期。父母应该采取有效措施，帮助孩子发展感官系统。

案例 1

小凯只有3个月大。一天，小凯爸爸在下班回家途中看到，有各色各样的气球在叫卖，其中有一种黑白相间的气球，白色球面上均匀地分布着

一个个小黑点，乍一看跟花斑狗有些相似，煞是可爱，小凯爸爸便买了一个，顺便还买了一个粉红气球，乐滋滋地往家赶。

"宝贝，爸爸回来了，你看，爸爸今天给你买什么了？"刚一打开家门，小凯爸爸就对儿子喊道。

看到爱人买了玩具回来了，累了一天的小凯妈妈赶紧把儿子抱到爱人面前。小凯爸爸先是把黑白相间的气球递到儿子跟前，只见儿子一把"抢"过气球，开心地玩了起来。为了增添新鲜感，等儿子玩了一会儿后，小凯爸爸从小凯手里拿走黑白相间的气球，换了粉色的气球给他，小凯接过气球后，没玩多久就不想再玩了。小凯爸爸以为小凯玩累了，就把气球收走，没想到小凯突然哭了起来。

小凯爸爸不明就里。只好把两个气球重新拿到小凯面前。只见小凯很快伸手去抓那个黑白相间的气球，又玩了起来。

小凯爸爸这时才想到，原来儿子喜欢黑白相间的气球，而不太喜欢粉色的气球。为了验证自己的猜测，小凯爸爸又试了几次，结果证明事实的确如此。

解读：孩子刚出生时，对光线非常敏感，他们此时的视觉发展还不成熟，眼睛只能看到黑白相间、比较模糊的世界。因此，对于处于视觉敏感期初期的孩子，他们对黑白相间、反差较大的物体比较感兴趣，这就是小凯对粉色气球反应比较平淡，而对黑白相间气球情有独钟的原因。

案例 2

小虎 1 岁 2 个月。小虎妈妈发现，最近，凡是小虎小手能抓到的东西，不管是什么，他都会往嘴里塞。小虎妈妈觉得这样非常危险，又不卫生。所以，当她看到小虎想把手里的东西放进嘴里时，就会马上予以制止；若发现小虎趁她不注意，把手里的东西放进嘴里时，小虎妈妈会用手指强行把小虎嘴里的东西掏出来，每每此时，小虎都会哭闹不止。

解读：口是孩子最早使用的感觉器官，孩子最早是通过嘴来探索世界的。对于出生不久的孩子来说，当他经常吮吸手指时，口对手的感觉和手对口的感觉就在孩子的大脑中慢慢统一起来，孩子会知道嘴里吮吸的是自己的手，手也会感觉到是自己的嘴在吮吸，心理学把这种现象称为"跨通道认知"。

通常，到了孩子能用手抓东西的时候，他们会把抓到的物品放到嘴里"尝尝味道"，其实，这是孩子在探索未知的事物，发展认知。孩子对一切新事物都无比好奇，具有非常强烈的探索欲和求知欲。所以，孩子在这一时期喜欢将抓到的东西放进嘴里"感知一下"。父母要允许孩子的这种行为，帮助孩子顺利度过敏感期，只是要注意保证物品卫生和孩子的安全。

促进孩子感官发展的方法

人类跟大自然有着与生俱来的亲近感。而大自然又是一个无比神奇的多彩世界。不仅蕴藏着极其丰富的自然信息，能够有效地促进人的感觉系统的发展，而且还具有神奇的心情"调节功能"。许多人都有这样的经历，遇到心情不好时，只要走进大自然，心情很快就会"由阴转晴"。所以，父母经常把孩子带到大自然中去，让孩子多接触花草、树木和沙滩等自然景色，让孩子的感觉器官多接受温暖的阳光、清新的空气、芳香的花草等自然元素的刺激，就是促进孩子感官发展的最好方法。

此外，父母还必须做到以下几点：

1. 重视孩子的视觉开发，为孩子创造良好环境。

孩子出生后，需要接受丰富的信息刺激，视神经细胞才能被有效激活，视神经组织网络才能有效地构建，眼睛的视觉功能才能发挥正常。否则，眼睛的功能会受到影响，严重的可能会失明。因此，父母要重视对孩子视觉的开发，如利用孩子的视觉敏感期，把积木摆成不同的图形，让孩子去观察。也可以挂一些孩子喜欢的玩具，有意识地引导孩子去观察，促进孩子的视觉发展。此外，还可以给孩子买一张可以调节角度的婴儿床，通过调整床铺的角度，来扩大孩子的视觉范围，提高孩子的视觉能力。

2. 通过小游戏，有意识地训练孩子的视觉感知力。

游戏是最适合婴幼儿身心发展特点、最容易被婴幼儿接受的开发孩子"潜能"的活动。父母可以通过游戏，有意识地训练孩子的视觉感知能力。比如，父母可以用一块小纱布把手电筒蒙住（避免光线太强烈损伤孩子的视力），先关掉室内灯光，再打开手电筒，让手电筒的光线由近到远慢慢地移动，孩子的眼睛会追逐光线慢慢移动。也可找些黑白图片让孩子边看边讲解，用丰富的图像吸引孩子的注意力。还可以在孩子的床铺侧面挂一面镜子，有意引导孩子看镜子里的自己，并指着孩子的五官，告诉孩子这是眼睛，那是鼻子等，用这些方法，孩子的视觉能力会得到很大的提高。

3. 用语言激发孩子的视觉认知能力。

随着孩子的成长，他们的视线范围不断扩大，由近到远、由小到大、由少到多，父母可以用语言向孩子介绍他所看到的物品名称、功能等，如孩子看到放在饭桌上的筷子时，父母可以告诉他这是筷子，是用来吃饭的；孩子看到杯子时，告诉他这是杯子，是用来喝水的，用语言来激发孩子的视觉认知能力。

也许孩子小还听不懂父母说的话，但没关系，这些信息会"储存"到大脑里，对孩子今后视觉能力和认知能力的发展都会有好处。

对于孩子听觉、嗅觉、味觉等感官的发育，父母也可采用类似的方法，有针对性地加以开发。

二、孩子的语言发展敏感期

当父母发现孩子喜欢盯着大人的嘴巴，模仿大人咿呀学语时，就应该意识到孩子可能到了语言发展敏感期了。

孩子的语言发展敏感期主要包括：哭闹敏感期（0～6个月）、咿呀学语敏感期（3～6个月）、认物敏感期（7～9个月）、称呼敏感期（8～11个月）、说话敏感期（1～2岁）、儿歌敏感期（2～3岁）、诅咒敏感期（3～5岁）和听、讲故事敏感期（3～5岁）。

孩子在进入语言敏感期后，会出现喜欢模仿父母说话，喜欢骂人，喜欢抢接电话等现象。其实这是孩子在用这些行为告诉父母：我想学说话，我正在学说话。父母应该为孩子提供学习的良好环境，并采取多种方式，帮助孩子掌握语言功能。

案例 1

小芳妈妈：我女儿3岁左右。她有一个习惯，只要家里的电话铃声一响，就会快速跑过去，拿起电话，对着话筒，打机关枪似的喊道："喂，你好，你找谁……拜拜"，然后直接把电话给挂了。不管对方是谁，打电话过来找谁，也不管对方有什么事，她都像背台词似的说上一通，常常把我们做父母的搞得既尴尬，又生气，却又无可奈何。

解读：通常，孩子在3～4岁就会开始思考语言的表达方式，并寻找机会进行"尝试"。

在家长看来，孩子抢接电话是淘气的捣乱行为。其实，这是一种误解。孩子在语言敏感期喜欢探索语言的神奇魅力，一旦他们发现声音不仅能从人的身体里发出来，而且也能从机器设备发出来，就会感到无比惊奇。他们模仿大人接打电话，是在锻炼和尝试语言的表达方式，是孩子语言发展必须经历的过程，父母只需有意识地加以引导就可以了。

> **案例 2**
>
> **小芸妈妈：**我女儿小芸 3 岁半。当我不让她长时间看电视，催她去睡觉或去做其他事情时，她就会气鼓鼓地说："不嘛，妈妈坏，讨厌妈妈。"看到妈妈生气的模样，小芸不仅不会害怕，反而会显出很开心的样子，我很不理解。请问这是为什么？

解读：孩子在学习语言表达、探索语言功能的过程中，当他们发现自己说出的一些话能使大人的表情发生变化时，就会对这类语言发生兴趣。我们称这一时间为"诅咒敏感期"。孩子说这类语言时并没有恶意，只是觉得这么做很刺激、很好玩。所以，当父母的做法不合他们的意愿时，他们就会不经意地对父母说出这类语言。说这些话时，他们只是想感受一下语言的强大作用，满足一下自己的好奇心而已，并不知道自己说这些话时对父母有什么伤害，这是由孩子的认知局限所决定的，父母完全没必要因此而生气。

帮助孩子顺利度过语言发展敏感期的方法

语言发展敏感期，是孩子提高语言能力的"黄金期"，父母应该做到以下几点。

1. 要多注意自己的语言，为孩子做好表率。

父母是孩子最好的老师。孩子模仿的语言和重复的话语多是家长平时说的话。因此，父母要以身作则，尽量使用规范、优美的语言，自觉做到不讲粗话、脏话，为孩子营造一个规范、纯净的语言环境。

2. 要多跟孩子"说说话"，促进孩子语言能力发展。

孩子语言能力的发展，需要不断接受外界丰富的信息刺激。因此，父母不管孩子能不能听得懂，都要不断给孩子输入语言信息，让孩子的大脑能够持续接收到丰富的刺激，这将有利于孩子语言能力的发展。

3. 要理解孩子在学习过程中出现的各种行为。

对于处在语言发展敏感期的孩子来说，容易出现讲粗语、诅咒语等一些"不文明行为"，父母发现这种情况后，要做到不生气、不责骂，冷处理，避免过激行为。因为，孩子在说这些不文明的语言时，也许完全不明白其中的含义，只是觉得这么说话，父母的表情会随之改变，很好玩，或者只是想展示一下个性而已，跟孩子是否是在学坏无关。父母只要正确引导，就可帮助孩子"改邪归正"，促进孩子语言能力的发展。

4. 要多鼓励孩子说话。

孩子在学习语言过程中，由于个体差异或缺乏经验等原因，难免会出现"口吃"或词不达意等情况，这都是正常的。父母不能讥笑，更不能责骂孩子，而应该多安慰、多鼓励孩子慢慢说话，尤其是孩子有进步时，父母更应该及时鼓励。这样，不仅能够有效增强孩子的信心，更能培养孩子的学习兴趣。

5. 要及时纠正孩子的语言错误。

孩子语言能力的提高需要经历一个比较漫长的过程，由于心智还不成熟，又缺乏经验，难免会出现用词不当或词不达意等错误，父母应及时给予纠正。

6. 要对孩子有耐心。

孩子学习语言要经历多个阶段，需要有一个累积的过程，父母要有耐心，学会等待，不能拔苗助长，否则，只会适得其反。

三、孩子的秩序发展敏感期

一个稳定有序的环境，能够有效地增强孩子的安全感，促进孩子身心的健康成长。当熟悉的环境消失、原有的秩序遭到破坏，孩子可能会担心、害怕，无所适从，就可能会哭闹，甚至发脾气，这是孩子秩序发展敏感期到来的具体表现。

秩序发展敏感期主要包括：秩序敏感期（1～3岁）、空间感敏感期（1～3岁）、生活习惯敏感期（2～3岁）、物权敏感期（2～3岁）、懂得抑制敏感期（3岁左右）、执拗敏感期（3～4岁）。

孩子对于秩序的敏感性主要表现在顺序性、所有权和生活习惯三个方面。孩子对于秩序的要求会呈现出三个阶段。第一阶段，会因为秩序遭到破坏而哭闹不止，直到秩序恢复如初；第二阶段，出现自我意识，为了维护自己认定的秩序而坚决说"不"；第三阶段，出现令人头疼的执拗，会因为自己认定的秩序遭到破坏而要求恢复如初。

案例 1

小玲两岁又两个月。平时，小玲家里经常会有亲戚朋友来串门。

一次，小玲爸爸的同事小杨叔叔来到小玲家玩，小杨叔叔个子高，脚很大。考虑到家里只有小玲爸爸平时穿的那双拖鞋号码比较大，比较适合小杨叔叔穿，于是，小玲爸爸就把自己的拖鞋让给小杨叔叔穿。

没想到一向乖巧懂事的小玲看到小杨叔叔穿了她爸爸的拖鞋后，突然大哭起来，并跑过去要脱小杨叔叔脚上穿着的拖鞋，小玲的这一举动让小玲爸爸有点丈二和尚摸不着头脑：小玲今天到底是怎么了？

还好小杨叔叔反应快，一边对小玲说不好意思、不好意思，一边赶紧脱下拖鞋递给小玲。

说也奇怪，小玲拿到小杨叔叔递给她的拖鞋后，马上就不哭了。小玲的父母这才知道，小玲不喜欢别人穿她爸爸的拖鞋。

解读：孩子需要一个稳定的秩序来构建自己的世界。他们认为谁的东西就是谁的，别人不能乱动，如果别人动了，孩子就会用哭闹、喊叫等方式表示抗议，直到秩序恢复如初，这就是小玲看到小杨叔叔穿了她爸爸的拖鞋后哭闹的真正原因，也说明此时小玲正处于秩序发展敏感期，正在构建内心的秩序，父母应该正确加以引导。

> **案例 2**
>
> 小亮 2 岁多。小亮的父母在城里买了新房后，从原来的出租屋搬进了新家。本来，这是非常开心的一件喜事，没想到住进新房后，小亮每天都要哭闹好几回，吵着要住回原来的地方。
>
> 小亮的父母感到很不解：原来租住的房子又旧又小，现在的新房既宽敞又漂亮，比以前住的地方要舒适多了，为什么儿子偏偏喜欢原来的老旧房子呢？

解读：小亮住惯了原来的房子，对那里的一切都比较熟悉，有种安全感。现在，虽然住进了宽敞明亮的新房子，但原来的秩序被打破，小亮对新房子的一切都感到很陌生、不习惯，因此，缺乏安全感。新的环境让小亮感到紧张、不安，所以，小亮就用哭闹来表达自己内心的焦虑、不安，以此来告诉父母：现在的环境让他感到不安全，需要一个适应的过程，父母应该多理解他。

帮助孩子顺利度过秩序发展敏感期的方法

1. 要设法查明孩子哭闹的真实原因。

通常，孩子哭闹都是有原因的，不会无缘无故。遇到孩子哭闹，父母不能不分青红皂白地训斥孩子，而应耐心地与孩子交流、互动，设法走进孩子内心世界，尝试去了解孩子哭闹的真实原因，这样才能有的放矢地解决孩子的哭闹问题。

2. 要尊重、理解孩子的行为表现。

孩子的秩序感跟成人是不同的，他们对于空间位置变化的适应能力远不及成人。当空间位置或秩序发生变化时，孩子将失去安全感，感到不快甚至痛苦。孩子的成长需要足够的安全感，稳定的空间或秩序有助于增强孩子的安全感。

当原有的空间改变或秩序被打破时，孩子会用哭闹、喊叫等方式来抗争，父母应该尊重孩子内心的秩序感，理解孩子，不能打骂、训斥孩子。

3. 要努力满足孩子的合理要求。

进入秩序发展敏感期的孩子，对周围的环境会变得异常敏感，一旦发现内心原有的秩序被破坏，他们会用哭闹、喊叫等方式来抗争，这是一种正常现象。父母应该尽量满足孩子的合理要求，以此来增强孩子的安全感。

同时，父母不能以成人的眼光看待孩子的行为，更不能用自己的意志强制改变孩子的内在秩序感，要放手让孩子体验建立新秩序的乐趣。比如，孩子要将一件物品放在他认为应该放的地方，即使这个位置在父母眼里很不合理，也不要试图去改变和制止，可以暂时先允许那么放，然后，再找机会慢慢引导孩子将物品放在正确的地方，给孩子一个过渡期和适应过程。

4. 要努力为孩子创设安全的生活环境。

成人都知道世界是变化多端的，并不会因为一时的失常而感到担心、害怕，而涉世不深的孩子则不然，他们以为世界是秩序井然的。

孩子如果发现原有的秩序被打破，就会出现哭闹、喊叫等行为，父母应该多理解孩子，控制好自己的情绪，多关注、多陪伴、多鼓励孩子，努力为孩子创设安全的新秩序、新环境。同时，父母还应该通过自己的言行举止潜移默化地影响孩子，让孩子在模仿和学习中建立合理的秩序感。

四、孩子对细微事物感兴趣敏感期

通常，孩子从 1 岁起，便开始对常常容易被成人忽视的细微事物产生浓厚兴趣，小花小草、落叶、线头、纸屑等都可能成为孩子关注的焦点，深陷其中、乐此不疲。这预示着孩子已经进入对细微事物感兴趣的敏感期，这个敏感期一般会持续到 4 岁左右。父母要有针对性地加以引导和培养，帮助孩子顺利度过这一时期，培养孩子的探索能力和观察力以及专注力。

孩子对细微事物感兴趣敏感期主要包括：对细小事物敏感期（1～2岁）、对细节敏感期（1.5～3岁）和玩水、玩沙敏感期（3～4岁）。

> **案例 1**
>
> 小明3岁了。每次妈妈带小明出去玩时，小明都会捡一些小花瓣、小树叶、小石子之类的东西带回家。为了满足小明的这一喜好，细心的妈妈特意在家里为小明准备了几个透明的塑料瓶，供他分类放置这些"小宝贝"。
>
> 平时在家时，小明也会时不时地把这些"小宝贝"搬出来玩。有时，他对这些"小宝贝"的兴趣甚至超过了玩具，玩得可开心了。

解读：孩子在进入对细微事物感兴趣的敏感期后，不仅会对凋零的树叶、花瓣产生兴趣，而且还会对地上的小石子、小纸屑、瓜皮、烟蒂等感兴趣，喜欢把它们捡回家。其实，这是孩子在探索事物、认识世界。

> **案例 2**
>
> 小慧快两岁了，她有一个习惯，睡觉喜欢手里拿着东西。可以是好吃的糖果，或是心仪的小玩具。
>
> 为安全，妈妈等小慧入睡后，会从小慧手里把这些东西取出来，放到安全的地方。可是小慧醒来发现手里的东西不见后，就会哭闹，非要重新把东西拿在手里才能安心入睡。

解读：很多父母发现，自己的孩子在某一阶段也出现过像小慧一样的现象。其实，这是孩子对细微事物感兴趣敏感期的具体表现。通常，孩子到了2岁左右，就开始有"所有权"概念，孩子需要确定"这东西是我的"。

孩子之所以喜欢手里拿着喜欢的东西睡觉，就是要确立"这东西是我的"，害怕自己闭上眼睛睡觉后，会失去这些东西。这就是许多孩子喜欢手里拿着东西才能入睡的真正原因。

帮助孩子顺利度过对细微事物感兴趣敏感期的方法

1. 要尊重、理解孩子的行为，设法满足孩子的好奇心和求知欲，提高孩子的认知能力。

孩子认识世界需要经历从无到有、从小到大、从少到多、从片面到全面的发展过程，这是一个逐步累积的过程。对细微事物感兴趣敏感期是孩子认知世界的开端，父母应该尊重、理解孩子在这个敏感期出现的各种行为，并设法满足孩子的认知需求。

2. 要巧借东风培养孩子的观察力和专注力，拓宽孩子的知识面。

进入对细微事物感兴趣敏感期的孩子，他们的视野与认知跟成人是截然不同的。成人眼里微不足道的细微事物，在孩子眼里往往会成为他们关注的焦点，通常事物越细微，孩子对其越感兴趣，越想探究其中的奥秘。

处在这个敏感期的孩子很容易发现物与物之间极其细微的差异性，父母应充分抓住这一有利契机，培养孩子敏锐的观察力和专注力，教给孩子相关的知识，拓宽孩子的知识面。

3. 要经常鼓励孩子，增强孩子探索世界的动力。

对于处在对细微事物感兴趣敏感期的孩子，当他们对细微事物发生兴趣时，父母应该关心、鼓励他们，激励他们去观察、探索事物，并邀请孩子分享在探索过程中的感受。父母的关心和鼓励，会极大地增强孩子探索世界的动力。

4. 要经常带孩子走进大自然，为孩子创设观察细微事物的条件。

"巧妇难为无米之炊"，孩子的心智发展需要接受外界丰富的信息刺激。大自然富含各类"宝藏"，拥有取之不尽的丰富资源，父母要经常带孩子走进大自然，给孩子创造观察各种细微事物的条件。

五、孩子的动作发展敏感期

活泼好动是孩子的天性。所以，孩子的动作发展敏感期从一出生就开始了，他们喜欢抓、扔物品，喜欢爬上爬下、蹦蹦跳跳，以此来锻炼手和脚的肌肉群，开发大脑潜能，促进肢体动作协调，提高生活技能和生存能力。

孩子的动作发展敏感期主要包括：抬头敏感期（2~3个月）、动手敏感期（1~10个月）、翻身敏感期（3~4个月）、起坐敏感期（6个月左右）、翻滚敏感期（7个月左右）、爬行敏感期（8个月左右）、站立敏感期（11个月左右）和行走敏感期（6个月左右）。

案例 1

小冬2岁。小冬父母发现小冬喜欢把放在家具水平面的东西扔或推到地板上。当小冬父母把被小冬扔或推掉的东西捡起来放回原处后，小冬又会再次把这些东西扔或推到地板上，还会显出很开心的样子。如此反反复复，弄得小冬父母哭笑不得，小冬却乐在其中。

解读：在儿童的原始空间认知中，他们以为放在平面上的东西与该平面是连为一体的，当他们突然发现两者可以分离时，激动的心情就会如同哥伦布发现了新大陆，难以按捺，所以喜欢将放在桌子或床铺等物体上面的东西扔或推到地板上，借此体验物与物分离的喜悦，并构建空间的概念。因此，当父母帮他们把被扔或推掉的东西捡起来重新放回原处时，他们还会再次把东西扔或推掉，不断重复、乐此不疲。

> **案例 2**
>
> 　　小龙4岁。小龙妈妈发现小龙很喜欢玩躲猫猫的游戏,而且喜欢当猫咪,躲藏起来让妈妈到处找他。小龙有时喜欢躲在门后,有时又喜欢藏窗帘下,甚至躲进衣柜里,变着花样让妈妈找寻。
>
> 　　每次小龙妈妈找到小龙时,小龙都会特别兴奋,又是蹦又是跳的。有时,小龙妈妈会假装找不到,每每此时,小龙就会故意发出声音提醒妈妈,或者干脆开开心心地跑出来,让人忍俊不禁。

解读:躲猫猫是孩子探索空间的一种游戏。当孩子发现门后、窗帘下或衣柜里都可以藏匿人,而又不被别人发现时,他们就会觉得很刺激,又非常好玩。就会喜欢躲藏在这些不易被人发现的地方,让父母或他人来找寻他。父母或他人找到他们时,他们会很开心;父母或他人找不到他们时,他们就会故意发出声音提醒父母或他人,有时甚至会忍不住自己直接跑出来。

心理学家研究发现,玩躲猫猫游戏不仅能帮助孩子构建空间概念,而且,还有利于促进父母与孩子的分离。因为父母在与孩子玩躲猫猫游戏的过程中,一会儿出现在孩子视线里,一会儿又从孩子的视线中消失,这种忽隐忽现的变化,能够帮助孩子逐步适应父母不在自己视线中的状况,从而使孩子慢慢适应生活中父母不在自己身边时的情形。

帮助孩子顺利度过动作发展敏感期的方法
1. 要尊重、理解孩子的行为。

孩子天性喜欢动。所以,父母应该尊重、理解处于动作敏感期孩子的各种行为,既要允许孩子上蹿下跳开心地玩耍;也要允许孩子扔东西,反复推倒积木等"破坏"行为,其实,通过攀爬、跑跳等运动,孩子锻炼大肌肉群,开发了大脑

"潜能"，促进了智力发展；借助扔东西、推倒积木再重来等"破坏"行为，孩子发挥想象力、创造力，构建自己的空间概念，更好地探索世界，成长发育。

2. 要欣赏、鼓励孩子，给孩子自由发展的空间。

孩子处在动作发展敏感期，也意味着他们进入了构建空间概念的敏感期。当孩子通过自己的努力取得进步时，父母应该学会欣赏孩子，及时鼓励孩子，增强孩子探索世界的主动性和积极性。

3. 要陪伴并积极参与孩子的活动。

孩子在玩耍或做游戏活动时，父母最好能陪伴在他们身边。当孩子邀请父母参与他们的游戏时，父母应该积极回应，表现出很感兴趣、非常开心的样子，并全身心地参与到孩子的游戏中去，寓教于乐，有针对性地教育、引导孩子。

4. 要积极为孩子创造活动的条件。

孩子的动作发展需要一定的条件和环境，父母应该根据孩子不同阶段身心发展的规律和特点，购买有利于开发智力的道具或玩具，并经常带孩子到户外，因地制宜地开展一些活动，给孩子创造活动的条件，促进孩子的身心发展。

六、孩子的社会规范发展敏感期

通常，当孩子到了两三岁时，会突然变得叛逆，不管别人对他提什么要求，都喜欢用"不"字来回应，好像故意跟别人作对似的。而且还会经常指着一些东西说"这是我的""那是我的"，这些都是处于社会规范发展敏感期孩子的典型表现，父母应该引起重视，并加以合理的教育和引导。

孩子的社会规范发展敏感期主要包括：独立意识敏感期（2~4岁）、合作意识敏感期（2.5~4岁）、生活规范敏感期（2~5岁）、人际关系敏感期（2~5岁）和文明自律敏感期（3~6岁）。

案例 1

小洋3岁2个月。最近,小洋妈妈发现一向乖巧听话的小洋突然变得"不听话"了,不管叫她做什么,她都不假思索地回应说"不",好像要故意惹妈妈生气似的。比如,到了吃饭时间,妈妈对小洋说"宝贝,到吃饭时间了,快去洗洗手,过来吃饭。"小洋每次都会回答说:"不洗。"

这时,妈妈就会对小洋说:"不洗就不能吃饭。"小洋听了,会很生气地回应妈妈说"就不洗"。

结果小洋妈妈只得强行拉着小洋去洗手,弄得母女都不开心。

解读:通常,孩子在婴儿期,会认为自己跟妈妈是一体的。随着年龄的渐渐长大,他们慢慢意识到自己与妈妈是分离的,这时,孩子就会开始逐步形成自我意识,喜欢说"不"来拒绝他人,体现"自我"的存在,这是孩子成长过程中出现的一种正常现象,心理学家将这种现象称之为"第一叛逆期"。出现这种情况,是孩子身心发展的必然需要,父母应该给予孩子更多的理解和包容,对孩子要有耐心,放平心态,陪伴孩子慢慢成长。

案例 2

小波5岁。一个星期天的上午,小波妈妈看到天气非常不错,于是就带着小波下楼。

在小区里,小波母子正好碰到邻居小杰母子俩。小伙伴一见面,就玩到一块去了,又是跑又是跳的。看到小波、小杰玩得这么开心,孩子的妈妈便放心地开始聊天。正当她俩聊得起劲的时候,突然传来了小波与小杰的争吵声。

> 原来，小波、小杰在玩跑步比赛的游戏时，小杰抢跑赢了比赛，可是，小波不服气，说小杰耍赖，赢了不算，要求重新比赛。这下，小杰不干了，坚持说是自己赢，不想再比了。两人你一句、我一句，相持不下，就争吵起来了。

解读：每个孩子都会经历社会规则发展敏感期，只是因个体差异出现的时间有早有晚而已。

孩子在社会规范发展敏感期主要是通过不断地重复游戏来构建规则，并逐渐将其内化于心。随后，这些已经内化的规则会成为孩子对于群体和社会的规则意识和责任意识，当规则已经内化的孩子与规则还没有内化的孩子一起玩耍时，后者往往容易发生耍赖行为，前者自然会不乐意，这样，两个人就容易发生冲突，这就是小波与小杰在玩耍过程中发生争吵的原因。

帮助孩子顺利度过社会规范发展敏感期的方法

1. 要尊重、理解孩子的行为。

社会规范是保障社会得以正常运转的基本准则。在孩子建立社会规范意识的过程中，会出现自我中心，批评他人，为维护规则而与他人发生争执等现象，这是处于社会规范发展敏感期的孩子在成长过程中必然会出现的一种现象，父母应该尊重、理解这一时期孩子身上出现的各种行为。

2. 要教育、引导孩子建立规则意识。

孩子建立规则意识，将社会规范内化于心需要一个过程，当孩子进入社会规范发展敏感期时，父母应该借助生活中和身边的事例，有意识地教给他们一些社会规范，并向他们说明遵守社会规范的必要性和重要意义，以及不遵守社会规范的危害和严重后果。

3. 要给孩子创设建立社会规范的条件。

孩子的社会意识和规范意识发展需要一个良好的环境，父母应该根据孩子不同阶段身心发展的规律和特点，为孩子创造有利的条件和环境，助推孩子社会规范意识的养成和固化，为孩子今后步入社会打好基础。

4. 要给孩子自由发展的空间。

建立社会规范不等于处处约束、控制孩子，应该给孩子自由的空间，允许孩子按照内在的成长规律自然发展。比如，孩子在成长过程中，会不同程度地出现逆反现象，这是孩子形成自我意识的必然需求，父母不能按成人的意愿强迫孩子，应该给予自由的发展空间。

七、孩子的书写敏感期

书写敏感期是发展孩子基本的书写能力的关键。这个时期的孩子会经常拿着笔到处乱写乱画。墙壁、桌子、门窗、甚至是柜子都可能成为他们写字的"纸张"，令许多父母头疼不已。通常，孩子的书写敏感期要经历戳戳点点、画不规则的直线、画不规则的圆、写大人能看懂的字和写规范的字这五个阶段。

书写跟我们的工作、学习、生活密切相关。能写一手潇洒、漂亮的好字，不仅能先入为主给人留下好的印象，而且有时还能在考试中起到"加分"的作用。因此，父母对孩子的书写敏感期一定要引起足够的重视，并充分利用这一时期，提高孩子的书写水平。

案例 1

小灿4岁9个月。小灿妈妈发现小灿从幼儿园回到家里后，经常一个人待在自己的房间里不停地在纸张上写写、画画，有时，还会主动把自己的"杰作"向父母展示，这也太难为小灿父母了，可任凭他们怎么看，就是猜不出小灿写的到底是什么，可小灿自己却乐此不疲。

每次到了吃饭时间，小灿父母怎么叫小灿出来吃饭也没用，非得进房间强行把小灿拉到饭桌上才行，小灿父母不明白小灿为什么会对写字像着魔了似的。

解读：通常，孩子到了文字书写敏感期就会对写字产生浓厚兴趣，一有机会就写个不停，怎么都不会觉得累。尽管父母根本看不懂孩子写的是什么，孩子却认为自己写的每个"字"都是有含义的，因此很有"成就感"。这就是处于文字书写敏感期孩子会控制不住自己，一直喜欢写字的原因。

同时，处于这一敏感期的孩子还常常喜欢把自己的"墨宝"拿出来展示，以此来吸引父母或成人的关注，赢得夸奖。尽管这时孩子写的或画的根本谈不上是什么"字"或"画"，但他们自己却会很得意，认为那些图形就是一个个的字或一幅幅的画，代表了他们的思想。

因此，父母应该保护孩子喜欢书写的这种热情，不能粗暴地制止，要合理引导孩子养成良好的书写习惯。

案例 2

小雪 4 岁 3 个月。小雪父母发现女儿最近特别喜欢画画，喜上眉梢，趁机给小雪报了一个绘画培训班。

小雪妈妈每次送小雪去画画时，都会坐在女儿身边，专心地看着女儿画画，一旦发现小雪画得不对时，就会马上提出来让小雪修改。可是，小雪似乎并不乐意接受妈妈的意见，两人经常闹得不愉快。

解读：通常，孩子 4 岁左右就到了图形绘画敏感期，处在这一敏感期的孩子喜欢涂涂画画，浑身似乎有使不完的劲。

儿童绘画能力发展大致要经历涂鸦期、象征期和写实期三个阶段。孩子对绘画的认识由无意识的自由表现到有意识的表现，再到有意识地运用技巧表达，父母不能急于求成。儿童绘画具有浓重的主观色彩，天马行空、随心而画，父母应站在孩子的视野，对绘画作品多一些赞美和鼓励，另外，父母还应创造条件，多带孩子走进大自然，让孩子多发现大自然的美，尽情发挥想象力和创造力。同时，在绘画方式上，父母不能用成人的思维要求孩子，而应该遵循孩子的年龄和心理特点，鼓励孩子采用不同的画种、不同的方法进行绘画。

帮助孩子顺利度过书写敏感期的方法

1. 要理解孩子到处涂鸦的行为，不能批评、指责孩子。

通常，4~6岁处于书写敏感期的孩子，特别是在4岁左右，由于心智发展还不成熟，会凭自己的喜好经常把"字"写在墙壁、家具和地板等他们容易触摸到的地方。父母应该理解这个阶段孩子的身心发展特点，不能看到孩子到处乱写乱画就随意批评、指责，那样容易挫伤孩子的书写热情，影响孩子今后书写能力的发展。

2. 要给孩子做好书写的表率。

"润物细无声"。父母是孩子最好的老师，家庭环境对孩子会起到潜移默化的影响。因此，父母平时就要注意自己的行为，养成良好的书写习惯，为孩子做好书写的表率。这样，孩子一旦进入了书写敏感期，就自然会有一个学习的榜样，自觉模仿父母模样去练字，养成良好的书写习惯。

3. 要鼓励孩子的书写行为。

处在书写敏感期的孩子年龄毕竟较小，他们中的大多数人不可能写出真正的字或画出真正的画。因此，当孩子把自己的"作品"拿到父母面前来展示时，父母不能"实话实说"，给孩子泼冷水，而应该表现出十分感兴趣，用赞赏的眼光去欣赏孩子的"作品",多给孩子一些赞美和鼓励。

4. 要给予孩子自由绘画的空间,发挥孩子的创造力、想象力。

通常,在绘画敏感期,孩子会不分时间、地点,想画就画,而不会感到疲倦。父母应该充分抓住这一难得的时机,培养孩子的观察能力、创造能力和想象能力,帮助孩子提高绘画能力。

一方面,父母要细心观察,保护好孩子的绘画兴趣。当孩子第一次在纸上或地上涂鸦时,就是孩子绘画兴趣的萌动。另一方面,父母要更新观念,注重孩子绘画创造能力的培养。父母要摒弃固有的思维定式,不能过早地给孩子灌输成人的美术技法和审美观念,以免束缚孩子的想象力和创造力。父母应该引导孩子采取临摹、写生等方式,不断提高孩子的绘画表现技巧和创作能力。另外,绘画想象能力是孩子多种认知能力的集成,父母应该引导孩子开动脑筋,让孩子多创造想象画,发挥孩子的悟性和创造力。

5. 要给孩子创造书写的良好条件。

当孩子进入书写敏感期后,父母应该积极给孩子创造写字、绘画的良好条件,给孩子准备好用来写字、绘画的笔、纸或写字板、画夹等,并应该明确告诉孩子字或画应该写在或画在纸张或写字板上,而不是墙壁、家具等地方,让孩子明白"能"与"不能"的界线。同时,要给孩子的写字、绘画营造浓厚的氛围,比如,在书房的墙上张贴优美的字画,为孩子准备适合他们写字、绘画的桌椅等。

八、孩子的阅读敏感期

俗话说"书中自有黄金屋""书中自有颜如玉"。阅读是人们汲取知识营养,提升综合素质非常重要的途径和方式。阅读能够开阔眼界、增强见识、陶冶情操,使人更加有智慧。父母对孩子的阅读敏感期一定要引起高度重视,并充分利用这一时期,帮助孩子提高阅读能力。

阅读敏感期主要包括:看图、识字敏感期(3岁左右)和读图画故事书(儿童绘本）敏感期（3～4岁）。

案例 1

小惠4岁5个月。最近，小惠父母发现小惠特别喜欢认广告牌、路标、门牌、树牌、对联等她能读到的字，每次带她去逛街或逛公园，或到其他地方玩耍时，只要看到广告牌、路标、挂在树上的小牌子等，小惠都会停下脚步问爸爸妈妈："那上面写的是什么呀？"当父母告诉小惠那些东西上面写的是什么字时，小惠听了都会显得特别开心。

解读：对新奇的、未知的事物感到好奇，喜欢问这问那是孩子的一大特点。孩子喜欢用这样的方式来探索新事物，满足好奇心和求知欲。当孩子进入阅读敏感期后，他们会对所能读到的文字发生兴趣，广告牌、路标、门牌、对联等都可能成为他们关注和学习的"沃土"，喜欢认这些东西上面的字，以此来满足自己的求知欲和探索欲。

案例 2

小雄5岁多。在小雄很小的时候，小雄妈妈就经常陪着小雄看儿童绘本，给小雄讲述绘本上的故事。不知不觉中，小雄渐渐喜欢上了自己看书。为了满足孩子阅读的需求，小雄父母一有机会就带小雄去逛书店，每次都会买好多儿童读物回家，家里都快成了小雄的"小书店"了。

小雄父母心想，家里有那么多的好书，应该可以让小雄看个够了。可是，他们却发现尽管家里儿童书籍不少，但儿子好像只对《三字经》《千字文》《百家姓》等几本书比较感兴趣，动不动就会把这几本书拿出来翻翻，而对其他的书籍好像兴趣就不那么浓厚了，有的甚至连翻都没翻过。小雄父母觉得有点不解：家里有那么多的新书，为什么儿子特别喜欢那几本旧书呢？

解读：通常，幼儿学习的动力就是兴趣，对感兴趣的事情或东西，孩子怎么重复都不会感到厌倦，《三字经》《千字文》《弟子规》是中国古代对幼年学童进行启发教育的经典教材。这些书语句精简、工整，内容浅显易懂，读起来朗朗上口、容易记诵，这可能就是小雄对这本书情有独钟的原因。

帮助孩子顺利度过阅读敏感期的方法

1. **要给孩子做喜欢阅读的好表率。**

"近朱者赤、近墨者黑"，家庭环境会起到潜移默化的作用，对孩子的成长影响非常巨大。模仿是孩子的天性，孩子具有极强的模仿能力，父母要养成喜欢阅读的良好习惯，为孩子做好表率。这样，一旦孩子到了阅读敏感期，自然会有一个学习的榜样，有利于孩子养成喜欢阅读的良好习惯。

2. **要鼓励孩子，并尽量满足孩子的识字需求。**

识字是阅读的基础。培养孩子良好的阅读习惯，必然要经历一个让孩子先识字的过程，父母要尽量满足孩子的识字要求，当孩子想知道广告牌、路标等上面的文字时，父母不仅不能表现出厌烦情绪，而且，还要表现出接纳和鼓励，并耐心教孩子认识上面的文字，日积月累，对孩子今后的阅读大有裨益。

3. **要给孩子创造阅读的良好条件。**

当孩子的阅读敏感期尚未到来前，父母就应该提前为孩子营造良好的阅读氛围，比如，提前为孩子选择、购买符合孩子身心发展特点的少儿书籍，让孩子尽早接触适宜各年龄阶段幼儿阅读的书籍，用儿童可以理解并欣赏的文学和艺术气息刺激、吸引、熏陶孩子；另外，还需提前为孩子准备一个光线好、通风的阅读场所，孩子阅读时，父母不要大声说话、看电视或听音乐，不要干扰孩子，避免分散孩子的注意力，给孩子营造舒适、温馨的阅读氛围。

4. 要帮助孩子养成良好的阅读习惯。

研究发现，喜欢阅读的孩子，学习成绩都会比较好、比较睿智。因此，当孩子进入阅读敏感期时，父母最好是带领、陪伴孩子一起阅读，在家里营造亲子阅读的浓厚氛围，让家庭充满书香气息，共享亲子阅读带来的快乐，在潜移默化中培养孩子的阅读兴趣，帮助孩子养成喜欢阅读的良好习惯。

九、孩子的文化敏感期

文化是指一个国家或民族的历史、地理、风土人情、传统习惯、生活方式、文学艺术、行为规范、思维方式和价值观念等，意大利著名教育家蒙台梭利指出：孩子对于文化学习的兴趣萌芽于3岁，但是在6~9岁，即进入文化敏感期之后表现得最为强烈。这时，孩子的心灵就像海绵，渴求汲取各种文化知识，喜欢打破砂锅问到底，父母应该为孩子准备丰富的文化信息，让孩子可以自由地涉猎汲取，以期丰富孩子的文化知识，提高孩子的综合素质和能力。

孩子的文化敏感期主要包括：模仿敏感期（3岁左右）、音乐敏感期（3~4岁）、偶像崇拜敏感期（3~6岁）、探究事物敏感期（4~6岁）、数学概念敏感期（4~6岁）和审美情趣敏感期（4~6岁）。

案例 1

小聪6岁2个月。小聪父母发现小聪突然对生物发生了浓厚的兴趣，不仅特别喜欢看生物方面的书籍，还特别喜欢跟父母分享自己刚刚从书中学到的生物知识：老虎有什么特点和习性？为什么狗的鼻子会特别灵敏啊？这是什么花，那是什么草啊？……

每次提出这些问题，在父母期待的眼光中公布答案时，小聪都特别有成就感，认为自己知道的很多，很了不起。

解读：孩子进入文化敏感期后，会广泛涉猎各种知识，产生对多个领域文化知识的浓厚兴趣，有时，会对某一方面或某个领域的知识非常着迷。小聪出现的就是这种情况，动物、植物都是他关注的热点。当孩子把自己从书中学到的知识分享给父母，并得到父母的褒奖、鼓励时，孩子会觉得自己很棒，会促使他们更加喜欢深入探究，不断拓宽自己的知识面。

案例 2

小颖6岁。一天，小颖妈妈带小颖到小区里玩，小区里有个小水池，小颖发现水池上方有好多蜻蜓在翩翩起舞，有的蜻蜓在飞翔过程中还用翅膀轻轻地触碰一下水面，煞是好看，小颖的视线一下子就被这美妙的场景吸引了。

没过一会儿，小颖就跑到妈妈身边，十分好奇地问妈妈："为什么蜻蜓会飞得这么低啊？它们不怕掉到水里淹死吗？"

妈妈抬头看了看天，发现天上乌云翻滚，好像很快就要下大雨了。

"蜻蜓飞得低就是要下雨了呀。"小颖妈妈告诉小颖。

小颖接着又问："为什么蜻蜓飞得低，就会下雨呢？"

"快下雨时，气压比较低，许多虫子会跑出来透气，蜻蜓飞得低就可以吃到水面上的虫子了。"妈妈把以前学到的知识一股脑儿"倒"给了小颖。

"哦，原来是这样啊！"小颖明白了，心满意足地找小伙伴玩耍去了。

解读：孩子进入文化敏感期后，可能会对天文、地理、自然、生物等各种知识发生兴趣，遇到不懂的地方就问父母，知道了答案后，会非常开心、满足，在一问一答中，孩子的知识面不断拓宽，学习科学文化的兴趣会更加浓厚、强烈。

帮助孩子顺利度过文化敏感期的方法

1. 要给孩子做喜欢学习的好表率。

家长是孩子的老师和榜样。通常，父母喜欢学习，他们的孩子往往也会喜欢学习，这就是榜样潜移默化的作用。因此，父母要养成喜欢学习的良好习惯，为孩子做好表率。

2. 要鼓励孩子学习科学文化知识并乐意分享。

父母的鼓励能有效地激发孩子的学习兴趣。因此，在孩子学习文化的过程中，当父母发现孩子取得进步或主动分享他们的学习成果时，就应该及时夸奖、鼓励孩子，进一步激发孩子的主动性和积极性。

3. 要耐心回答孩子的问题，满足孩子的好奇心和求知欲。

孩子对于陌生的事物都怀有强烈的好奇心，在好奇心的驱使下，孩子会向父母提出各种各样的问题，父母要耐心地回答。对于已经知道答案的问题，要及时简要回答；对于暂时不会的问题，不能推诿，更不能信口开河，应该坦诚相告，向孩子说明自己要等到查询资料后才能回答，或跟孩子一起查资料找答案。这样既满足孩子的好奇心和求知欲，又为孩子做了谦虚诚实的榜样。

4. 要给孩子学习文化知识创造良好条件。

父母要为孩子创造良好的学习条件，为孩子提供丰富的学习资源。平时，父母要多带孩子到大自然去观察探索，也可以到科技馆、博物馆、文化馆等参观，还可以订阅相关的报刊。

第四节
避免陷入早教的误区

随着社会的发展进步，越来越多的父母开始关注、重视早教，然而，由于许多家长缺乏对孩子大脑发育知识和早教相关知识的了解，加上受到早教争论和商家炒作等因素的误导，很多家长容易陷入下面的种种早教误区，给家庭造成不必要的经济损失，给孩子的发育成长带来不利影响。

误区一：对早教的必要性和重要意义认识不足，认为早教无用。

> **案例**
>
> 　　小阳阳今年2岁5个月，他的父亲是公务员，母亲在事业单位工作，家庭经济条件富裕。
>
> 　　看着经常跟小阳阳一起玩耍、一起长大的小伙伴一个个先后进入了早教班，尽管家庭经济条件不错，但小阳阳的父母一点也不着急，因为他们根本就不相信早教。他们认为孩子上学前，就是要让他尽情地玩耍，快乐地成长，顺其自然就好，没必要让孩子上早教班。他们甚至认为给上幼儿园之前的孩子报名上早教班，那是画蛇添足，白白浪费钱。所以，小阳阳的父母坚持做到"任凭外面风吹雨打，我自岿然不动"，始终抱持早教无用论，不给小阳阳报名上早教班。

剖析：事实上，像小阳阳父母这样工作比较稳定、家庭经济条件较好、但缺乏对早教的必要性和重要意义的充分认识，抱持"早教无用论"观点的家长大有人在。

对于孩子的早教，这类父母"不差钱"，但却缺乏对早教必要性和重要意义的认识。由于缺乏对学龄前儿童生理、心理、认知发展规律的基本了解，他们往往容易产生这样的错误想法："孩子的学习和教育是上学以后的事，对于学龄前的孩子，就是要让他们尽情地玩耍，快乐地成长，对0~6岁的孩子实施早教没有意义，是在白白浪费钱。"殊不知，0~6岁，特别是0~3岁正是孩子几大发展敏感期相继出现的重要时期，也是科学开发孩子大脑的"潜能"，发展孩子各方面能力的最佳时机。孩子的发展敏感期具有不可逆转性，一旦错过了，即使花费再多的努力都难以弥补，最终受害的一定是孩子。由此可见，父母对孩子的教育应尽早规划。

误区二：对早教的主体认识有偏差，认为早教的对象只是孩子本人，跟父母关系不大。

案例

小艳艳今年1岁8个月，她的父母都是工薪阶层，工作、经济压力都比较大。小艳艳父母因忙于生计，从半岁起就把小艳艳交给爷爷奶奶照料。小艳艳的爷爷奶奶来自农村，没足够的文化，不懂如何科学地教养小艳艳。

为了让女儿能够接受更好的教育，小艳艳的父母拼命赚钱，省吃俭用，把女儿送到离家不远的一家早教机构去培养。又因为小艳艳的父母双休日也经常加班，接送小艳艳的担子自然落到了爷爷奶奶身上。小艳艳的爷爷奶奶按时把小孙女送到早教机构，然后老两口或出去散步、锻炼，或到菜市场去买菜、回家煮饭，到点了再把小孙女接回家。至于小孙女在早教机构具体的情况，比如，学习了什么、效果怎么样，他们是不知情的。小艳艳的父母因工作劳累，几乎顾不上过问女儿在早教机构的具体情况，所以，

> 虽然小艳艳上了早教班，但她在早教班的具体情况几乎处于全家人的"盲区"。

剖析：在我们周围，像小艳艳父母这样生活压力大，整天忙于生计，无暇顾及小孩，无奈将孩子交给家中老人或保姆照看的家长确实不少。他们相信早教对孩子的成长肯定是有好处，所以省吃俭用把孩子送到早教机构去。但由于缺乏早教的相关知识，往往容易产生"早教就是花钱把孩子送到早教机构去，让孩子跟着早教老师学习"的错误想法，认为进了早教班后，老师怎么教，孩子怎么学，那都是早教机构和孩子本人的事，跟父母没有多大关系。

其实，早教很大一部分是对家长教育理念的培养。对于早教的正确观念是父母在早教机构专业人员的示范、指导下，利用孩子的不同发展敏感期，配合早教机构给予孩子有针对性的信息刺激，最大限度地开发孩子的潜能，促进孩子发展。

由此可见，想要真正发挥早教最佳作用，父母必须主动介入，与孩子一同接受早教，而不是让老人或保姆替自己"担责"。早教并不是早教机构、家长或孩子任何一方单独的活动，而是早教机构、孩子和家长共同互动参与的事。

误区三：由于缺乏对孩子身心发展规律和特点的了解，认为早教至少要等到孩子会走路、会说话时才开始。

案例
> 小琪已经8个多月了，她的父母仍然觉得女儿还小，不适合送去早教，说是至少要等到女儿会走路、会说话以后再开始。

剖析：什么时候开始对孩子进行早教，是困扰许多父母的一个现实问题。生活中，抱持小琪父母这种观点的家长不在少数。

其实，抱持这种观点的父母对婴幼儿身心发展的规律不够了解，不懂得开发孩子潜能的工作应该从孩子一出生就开始。以婴幼儿的脑发育为例子来说，婴儿出生时，其脑细胞按发育情况可以分为 3 种：发育成熟的脑细胞、发育不太成熟的脑细胞和没有发育的脑细胞。根据脑细胞"用进废退"的特点，除第一种脑细胞外，其他两种脑细胞都需要外部适当的信息刺激促其发育。而且，这种刺激越早、越丰富，对于脑细胞的激活和发育越有利。

我国春秋时期的孔子在《论语》中指出："少年若天成，习惯如自然"，意思是说一个人小时候养成的习惯，就像天生的一样牢固。宋代理学家程颢在《二程语录》中指出："古人虽胎教，与保傅之教（早期教育），犹胜今日庠序乡党之教（学校教育和社会教育）。"他强调对于孩子的早期教育，应从胎教开始。可见，我国古代思想家和教育家主张要不失时机地对儿童进行教育，充分肯定了早期教育的重要意义。

古希腊哲学家、教育家柏拉图在他的著作《理想国》中指出：教育应尽早开始，他认为儿童在幼年时期所接触到的事物对他会产生永久的影响。18 世纪法国启蒙思想家卢梭在他的著作《爱弥儿》中指出：应该对儿童进行适应自然发展规律的"自然教育"，他认为儿童从出生开始就有学习能力，倡导对孩子的教育应遵从自然法则，从孩子出生后就开始。

古今中外思想家、教育家的实践经验告诉我们：对于孩子的早期教育，不是等到孩子会走路、会说话时才开始，也不是到孩子上学时才开始，而是从孩子出生后就应该开始了。

误区四：对早教的本质、内涵和规律缺乏了解，认为早教就是给孩子灌输文化知识。

> **案例**
>
> 小军今年刚好 2 岁，他的父母都是生意人，文化程度不高，靠自己的努力打拼才勉强在城市站住了脚跟。虽说生活不怎么富裕，但对孩子的教育却格外重视。他们从小军 1 岁多刚学会走路、还不怎么会说话时，就开始为小军寻找合适的早教机构。当小军的父母看到一家早教机构的宣传广告上说他们的早教课开设有语文、数学、英语、绘画、音乐、情商等课程时，大喜过望，认为这下孩子可以学到很多文化知识，可以减轻孩子将来学习的压力了。尽管这家早教机构离他们家比较远，来回不方便，但他们还是毫不犹豫地把小军送到这家早教机构去。

剖析："望子成龙，望女成凤"，很多像小军父母这样的家长，他们的文化程度不高，吃过不少亏，所以宁可自己再苦再累，也要省下钱来让孩子接受更好的教育。他们对孩子的教育非常重视，但由于自身文化水平有限，也不了解早教的本质和内涵，容易被早教机构的宣传误导，以为早教就是给孩子灌输文化知识，让孩子比别人早学、多学。其实，对像小军这么小的孩子进行早教，最重要的不在于教孩子文化知识，而是引导教育家长多陪孩子玩耍，或根据孩子发展的敏感期特点，有针对性地给孩子一些信息，刺激神经细胞，开发孩子潜能。幼儿这个阶段学习主要方式是"玩"和"练"。早教应该寓教于乐，让孩子在玩耍中学习知识，在自己动手做事中提高生活技能，在接受外界信息刺激中，开发孩子大脑的"潜能"，太早让孩子学习文化知识，有可能让孩子过早丧失学习兴趣，产生厌学情绪，得不偿失。

合格的早教机构，绝不会仅仅给孩子灌输文化知识，而是把重点放在家长身上，通过理念灌输、活动示范、教育引导，帮助家长树立科学的早教理念，掌握科学的早教方法和技能，吸引家长直接参与到孩子的早教中来或协助早教机构对孩子实施早教，这样，早教的效果才能有效地突显出来。

误区五：由于对早教的本质缺乏正确的认识，误以为只有早教机构才能做早教。

案例

小飞飞今年1岁半，虽说他妈妈是全职妈妈，文化程度也比较高，有时间和能力对小飞飞进行早教，但她错误地认为：早教是早教机构的事，家里没办法对孩子进行早教，要对孩子进行早教，就必须把孩子送到早教机构去。

剖析：了解早教的父母都知道，科学的早教主要是根据孩子身心发展的特点和规律，利用孩子在成长过程中不断出现的发展敏感期，给孩子提供发育所必需的外在刺激，发掘孩子的潜能，发展孩子的行为和能力，为孩子将来的发展奠定好基础。所以，给孩子做早教并不是早教机构的"专利"，父母在家完全可以对孩子实施早教。父母是孩子最亲近的人，也是最了解孩子的人，父母对孩子实施早教具有得天独厚的优势。因此，不是非得把孩子送到早教机构去不可。其实，家长应该多学习一些儿童生理、心理、认知方面的科学普及读物，了解跟早教相关的知识，并根据书中介绍的早教方法对孩子实施早教；也可以先给孩子报个早教班，在陪同孩子上早教班时，用心观察老师是怎么做的，并有意多向老师学习一些早教的理念和方法，然后，再在家里对孩子实施早教或配合早教机构的老师对孩子进行早教。

总之，父母既可以将孩子送到早教机构去早教，也可以在家里自己对孩子进行早教，没有统一的"定式"，完全可以根据家长和家庭的情况灵活选择的。

误区六：由于对早教的本质和早教能起到的作用等知识缺乏正确认识，对早教结果的评判存在误区：急功近利，以为早教都能立竿见影，往往以显见的量化标准来评判早教的效果。

> **案例**
>
> 莉莉今年1岁10个月，她的父母文化程度不高，由于受到不恰当的早教广告宣传的影响，很早就对早教的效果满怀期待。莉莉刚过完1岁生日，父母就迫不及待地把她送到离家不远的一家资质不错的早教机构，期盼女儿能"赢在起跑线上"，为以后的发展铺好路、打好基础。
>
> 自莉莉进了早教机构后，父母就天天盼望着女儿能多学点知识，经常用女儿"会认多少个字""会数几个数""会背多少首诗""会唱几首儿歌"等功利化标准来检查孩子的学习情况，衡量孩子早教的效果。
>
> 如今，莉莉上早教班已经快一年，父母发现女儿并没有比周围没上早教班的小伙伴多认几个字，多背几首诗，多唱几首歌，于是，对自己的孩子和孩子所去的这家早教机构都很失望。

剖析：在我们身边有不少像莉莉父母这样的家长，他们认为早教很有必要，但由于对早教的本质和早教能起的作用等缺乏基本的正确认识，往往容易把早教与"早学"画等号，误以为早教就是提前学习，能够让孩子比同龄人先学一步，多学一些文化知识，为今后的学习铺路。

在这种观念的影响下，这类父母往往急功近利，用孩子学会多少个字、会背多少首诗等显见的量化标准来评判早教的效果。其实，早教的成效并不局限于孩子学会认字、唱歌、数数、画画等，更多地体现在根据孩子身心发育的规律，有针对性地刺激孩子神经系统的发育，开发了孩子各类潜能，比如，给婴儿期的孩子做身体抚触，是一种适合那个时期孩子成长发育的早教内容；又比如，经常陪

1~3岁的孩子说话、做游戏,让孩子在玩中学、学中玩,寓教于乐也是适合孩子的早教内容。

对于早教,父母切不可急功近利、拔苗助长,不能用简单的量化标准去衡量早教的效果,而要有长远的眼光、放眼未来。"根深才能叶茂",通过早教,孩子的认知、情绪情感和社会化等方面身心协调发展,孩子未来的发育成长就更好。

第三章

情商教育——培养孩子综合素质的基点

当今社会需要的是具有高情商的人才！

被誉为"情商之父"的美国哈佛大学教授丹尼尔·戈尔曼曾经说过"情商是决定人生成功与否的关键。"

既然情商如此之重要，那么，本章节就来详细说一说究竟什么是情商，怎样才能有效提升孩子的情商等父母迫切想要知道的知识。

情商，又称为"情绪智力"，是心理学家提出的，与智商相对应的一种概念，是指一个人在情绪、情感、意志、耐受挫折等方面品质。

情商主要包括自我认知、情绪管理、独立自主、思想品格、自我激励和社会人际交往等方面的内容。

科学研究证明：情商虽有遗传的因素，但主要依靠后天的培养，需要父母付出长期的艰辛和努力。

为了便于父母更好地培养孩子的情商，本章运用大量的真实事例，围绕情商所主要包含的内容，从培养孩子自我认知、情绪管理、独立意识、思想品格、自我激励、社交能力等多个方面入手，系统地向父母传授培养孩子情商的"良方"，希望这些方法能成为父母培养孩子情商的"索引"和"药方"。

第一节
如何培养孩子的自我认知能力

自我认知，又称自我意识，是指一个人对其存在状态的认知。包括对自己生理、心理状态、人际关系和社会角色等多方面的综合性认知。对于孩子来说，就是对自己身心状态以及对自己与周围环境关系的认识。

一个人只有正确认识自己，才能更好地提高自己、扬长避短、完善自己。

> **案例**
>
> 有一位叫曲兰的母亲，她的儿子学习不好，连普通高中都考不上，勉强上了一所中专，后来，连中专也读不下去了，于是，儿子就向母亲提出不想再上学。
>
> 妈妈问儿子：不想上学，那你想做什么呢？
>
> 我想学电脑，儿子非常肯定地对母亲说。因为儿子知道自己喜欢电脑，网络技术好。
>
> 没想到妈妈居然同意了！这让儿子喜出望外，也倍加珍惜这个机会。
>
> 因为学电脑网络技术需要英语做基础，儿子通过网络学习，查找英文资料等，练就了两大绝招：网络技术和英语阅读！
>
> 后来，儿子参加了难度极高的微软数据库认证专家和微软解决方案认证专家的考试，凭借娴熟的电脑技术和过硬的英语实力，顺利通过了考试，并幸运地被香港一家公司录用，担任数据库主管，从事令人羡慕且自己又十分喜欢的工作。

儿子学习不好，却能在计算机领域脱颖而出，除了跟他有一位疼爱他、理解他、支持他的母亲有关外，还有一个非常重要的原因——他能够正确地认识自我，知道自己的长处和短板，正因为他对电脑的兴趣和潜力，才最终促使他在这一领域有所建树。由此可见，自我认知对于一个人的成长进步和事业成功影响有多大。

"知人者智，自知者明"。正确的自我认知能让孩子认清自己的长处与短板，扬长避短。

良好的自我意识能够有效增强孩子的自信心，帮助孩子获得成功与幸福。孩子具有很强的可塑性，对于心智还不成熟的孩子来说，他们的自我意识还没有完全确立，还处在不断构建过程中，容易受到外界，尤其是父母对他们评价或暗示的影响。

那么，父母应该如何引导孩子正确认识自我呢？请从下面几点入手：

1. 父母应该通过适当的比较，引导孩子认识现实中真实的自我。

发展心理学告诉我们：对于孩子来说，认识自我是一个缓慢的过程。刚出生时，孩子尚无自我意识，无法区别自己与他人的；出生后 8 个月，孩子依然没有萌发自我意识。到了 1 岁左右，孩子开始显示出主体我的意识，主要表现是孩子能把自己与他人区别开来，并把自己作为活动主体来认识。2 岁左右，孩子显示出客体性的自我认知。主要表现如：孩子开始能从客体（照片、录像）中认出自己，能用人称代词称呼自己和他人。

随着年龄的不断增长，孩子的自我意识会变得越来越强烈。父母可以用日记、摄影、录像等手段记录他们的成长过程，让孩子与过去的"我"进行比较，以便对现实中的"我"有一个准确的认识。同时，父母还可以让孩子与同龄人适当比较，让孩子正确认识自己与他人的差别，从而发现自己的优缺点、长处和短板。

2. 父母应该通过给予孩子正面的评价，引导孩子形成良好的自我意识。

孩子最初是通过他人的评价来认识自己的，他人的评价对孩子具有很强的暗示作用，会直接影响孩子自我意识的形成。因此，父母可以把别人对孩子正面的评价如实地告诉孩子；把别人对孩子负面的评价，有智慧地转化成期望或目标，反馈给孩子。

对于 3 岁之前的孩子来说，他们的自我意识还没有完全发展起来，对于自己还没有一个明确的定位，他们对父母具有强烈的依赖心理，会将父母的话奉为圭臬，全盘接受。因此，父母可以发挥自己的"权威"优势，善意地给孩子积极的评价，帮助孩子形成良好的自我认识，让孩子知道自己是一个有价值的、受人欢迎的人，这样就能够有效地增强孩子的自信心，有利于孩子向"向好、向善"发展。

3. 父母应该通过修正孩子对自己负面的评价，引导孩子形成良好的自我意识。

父母是孩子最亲近的人，也是最了解孩子的人。父母应该多陪伴孩子，多跟孩子交流谈心，多给孩子创造表达内心世界的机会。如果发现孩子不能正确认识自己，总是看到自己的缺点和不足，对自己的评价过低，或者总是因为别人的否定而妄自菲薄，父母就应该及时修正孩子对自己的负面评价，引导孩子形成良好的"自我意识"。比如，如果孩子说自己是一个考虑问题不太周全的人，那么，父母就可以这样引导孩子："人的成长需要一个过程，你现在还是一个孩子，有时考虑问题不周到是正常现象，你现在就能意识到这个问题，说明你非常棒！相信随着你年龄的增长和阅历的丰富，考虑问题一定会越来越成熟、周到的。"父母这样修正、鼓励和引导孩子对自己的评价，既能卸下孩子的思想包袱，又能增强孩子的自信心，有利于孩子将来形成良好的"自我意识"。

4. 父母应该通过让孩子正确评价自己，引导孩子形成真实的自我意识。

每个人都有自己的优缺点，如果孩子不能正确评价自己，只看到自己的优点或缺点，都不利于孩子形成真实的自我意识。

"谦虚使人进步，骄傲使人落后。"父母应该教育、引导孩子学会正确、客观地认识自己，既要看到自己的优点与长处，又要看到自己的缺点与短板。如果孩子只看到自己的优点，而看不到自己缺点的话，就容易目中无人、骄傲自大。反之，如果孩子只看到自己的缺点，而看不到自己优点的话，容易失去自信心，产生"破罐子破摔"的心态。父母要引导孩子改正这两种心态，让孩子认识到世上没有绝对完美的人，"天生我才必有用"。

第二节
如何培养孩子的情绪管理能力

情绪，是个体对外界刺激主观的、有意识的体验和感受，是伴随着生理性需要而产生的一种低级的、简单的态度体验，具有情境性、易变性的特点。情绪包括喜、怒、忧、思、悲、恐、惊七种形式。其中，快乐、愤怒、恐惧、悲哀是最基本的四种表现形式。情绪没有好坏之分，一般可分为积极情绪、消极情绪。

情绪管理，是指个体用正确的方法探索、理解、调整自己的情绪。也即个体对自己情绪的感知、控制和调节的过程。

情绪管理对于孩子的成长和发展起着十分重要的作用。如果孩子能够很好地管理自己的情绪，就能更好地应对成长过程中必须要面对的各种挑战、压力和功课。

那么父母应该如何培养孩子的情绪管理能力呢？主要有以下四点：

1. 父母应该告诉孩子有消极情绪很正常，但要学习及时发现消极情绪，并勇敢面对它。

发现情绪，特别是消极情绪是调控情绪的第一步。只有及时发现消极情绪，才能有针对性地排解消极情绪，将其造成的危害降到最低。

情绪来源于外界事物对人们心理上的刺激，人类生活在纷繁复杂的大千世界里，随时都在接触外界事物，因此，人有情绪是很自然的事。父母应该告诉孩子有消极情绪很正常，不要有思想压力和心理负担，不要刻意去隐瞒、压抑情绪，而应该引导孩子辨认、接纳之。消极情绪若不加控制或失去控制，不仅会危害孩子的身心健康，严重的甚至可能导致精神疾病，而且，还会给人际关系造成障碍，影响孩子的学习和生活。

2. 父母应该教会孩子排解消极情绪的正确方法。

孩子的消极情绪如果找不到一个正常的排解出口，就会憋在心里，对身心健康造成危害。孩子胡乱发泄情绪，又会影响他人的心情，影响人际关系，严重的还会影响孩子的个人形象和发展前景。所以，父母应该教会孩子下列几种简单易行的、能合理宣泄情绪的方法。

方法一：引导、鼓励孩子采用哭泣的方式，来排解消极情绪。

哭泣是人的一种本能，当孩子哭泣时，他们传达了一种信息：我饿了、不舒服了，所以哭泣本来就有积极的意义。哭泣还是排解消极情绪的一种有效方式。人们或多或少都有这样的体验，心情不好时，只要哭一哭就舒服多了。因此，父母发现孩子有消极情绪时，要引导、鼓励孩子找个合适的地方（如房间、厕所等无人处）痛痛快快地哭一场，用眼泪把消极情绪带走。如果父母发现孩子遇到消极情绪而哭泣时，不能强行制止，要允许孩子通过这种方式自行排解消极情绪。

方法二：引导、鼓励孩子采用转移注意力的方式，来排解消极情绪。

父母发现孩子有消极情绪时，要引导、鼓励孩子采用转移注意力的方式，比如，让孩子听听音乐、陪孩子到户外散散步、做做运动、玩玩游戏，或让孩子做做自己喜欢的事等，把孩子的注意力从引发孩子产生消极情绪的事情或环境中转移到其他地方，特别是孩子喜欢的事情上或环境里，只要过了那个时间节点，也许孩子对当初引发自己消极情绪的事情或环境就不会那么在意了，消极情绪自然也就得到有效排解。

方法三：引导、鼓励孩子采用倾诉或画画的方式来排解消极情绪。

倾诉可以有效缓解人的内心压力。也许不少人都有这样的经历：当遇到不开心的事情时，只要找父母或其他自己信得过的人聊一聊，心情就会好很多。同样的道理，当父母发现孩子有消极情绪时，要引导、鼓励孩子采用倾诉的方式，用语言把消极情绪带来的体验和感受说出来。如果孩子小，不会用语言表达的话，父母可以先替孩子说出他们的感受，然后，再征询孩子是不是有那种感受。比如，孩子到了一个陌生的地方，感到不安、恐惧时，父母就可以这么问孩子"这个地方很陌生，让你感到不自在，不舒服，对吧？"孩子知道父母理解他的感受，消极情绪自然就会得到排解。父母也可以引导孩子用画画或念一首儿歌等方式来表达自己的情绪。比如，不开心就画一朵乌云或唱一首自己喜欢的歌等，让孩子以合适的方式来表达自己的情绪。

除了教孩子采取哭泣、转移注意力、倾诉等几种合理宣泄情绪的方式外，父母还要教已经上学的孩子采用写日记、深呼吸、对着镜子扮鬼脸逗乐等方式宣泄情绪。这样就能有效避免孩子因情绪失控做出不理智的行为。

3. 父母应该告诉孩子：情绪可以有，但不能随便发泄，更不能以情绪作为控制别人的工具。

父母遇到孩子采取当众哭闹、耍赖等手段，想达到要挟父母而满足自己需求的时候，一定要坚决不予"配合"。不能让孩子因要挟成功而认为情绪是控制别人的手段。父母可以从容地从孩子身旁离开，让孩子一个人在那里"哭个够"，等孩子停止哭泣冷静下来之后，再走过去把孩子带离。然后不失时机地告诉孩子："一个人可以有情绪，但不能随便发泄，更不能采取哭闹、耍赖的手段要挟别人，有要求，要学会采取协商、沟通等方式去争取。"孩子是非常聪明的，当他们明白不合理的要求，即使通过哭闹也没有用时，以后就不会再这么做了。

4. 父母应该教育孩子正确对待其他人的负面情绪，学会不被别人的抱怨影响。

俗话说"近朱者赤，近墨者黑"。情绪是会传染的，和乐观的人在一起，会变得乐观；和悲观的人在一起，会变得悲观。抱怨亦是如此。喜欢抱怨的人，不能以负责任的态度对待自己的负面思想及消极情绪，将自己的情绪重担投向周围的人，加重别人的负担。这是一种自私的行为。所以，父母应该教育孩子不轻易被他人的情绪，尤其是消极情绪影响。如果孩子无法不受其影响，就应尽量远离。

第三节
如何培养孩子的独立自主能力

独立自主，一般是指个体不受外来力量控制，独立行使自由意志，独立承担行为责任或后果。独立自主主要表现为自主做决定、独立处理事务并承担相应责任等方面的能力。

现代社会瞬息万变、机遇稍纵即逝，因此，对人才的要求也越来越高。那些遇事有主见、独立性强的人，更能当机立断，也更容易抓住机遇、获得成功，因此，更受社会青睐。相反，那些遇事优柔寡断、依赖性强的人，则容易错失良机、导致失败。可见，培养孩子独立自主的意识和能力有多重要。

父母应该如何培养孩子的独立意识、提高孩子的自主能力，让孩子变得更加独立、更加有主见呢？

1. 父母应该尊重孩子，把孩子当作一个独立的个体来看待。

孩子从呱呱坠地的那一刻起，就是一个独立的个体，有自己独立的思想和人格。父母如果想要培养一个拥有独立自主意识和能力的高情商的孩子，就不能把孩子看作是依附于父母的"小屁孩"，凡事都需要家长替他或者她做选择，处理后果，承担责任。这等于人为地剥夺孩子成长的机会。

而应该从小就把孩子当成一个人格独立的人来看待，尊重孩子、关心孩子，在做出一个决定前，鼓励孩子参与讨论，多听听孩子的想法，充分尊重孩子的意见，让孩子体会到做"小主人"的美好感觉。这样，不仅能有效培养孩子的独立自主意识和能力，还能充分调动孩子的积极性、主动性和创造性。

2. 父母应该从培养孩子的选择能力入手，培养孩子的独立能力。

有人说："人生就是一个不断抉择的过程。"的确，人的一生会遭遇一个又一个"十字路口"，需要做出抉择。有的选择对于漫长的人生来说也许无关紧要，但有些却举足轻重，会影响人的一生。

父母不可能一辈子陪伴在孩子身边，更无法保证替孩子做出的选择都是正确的。既然如此，父母就不能事事替孩子做选择，这样做看似是为了孩子好，减少了孩子的"麻烦"，其实是"好心办了坏事"，让孩子失去了成长的机会，不利于孩子的长远发展。因此，父母应该从小培养孩子的选择能力，可以从家庭日常事务入手，比如，孩子想吃什么、想做什么、想去哪里等，凡是涉及孩子的事，都应该尽量让孩子自己做选择，父母可以提建议，而不做强制性决定。这样，不仅能有效培养孩子的选择能力，让孩子逐渐养成独立自主的性格；而且，还能培养孩子的责任意识，让孩子学会对自己的行为负责。

3. 父母应该学会放手，协助而不是代替孩子成长。

现实生活中，有的父母"爱子心切"却剥夺了孩子学习独立自主的机会，使孩子最终成为"巨婴"。比如，担心孩子自己做事会受苦受累，什么事都替孩子代劳，把孩子培养成"衣来伸手、饭来张口"的"小皇帝"；有的父母"嫌麻烦、怕辛苦"，认为让孩子自己做事既浪费时间，还要替孩子"收拾残局"，干脆什么事都不让孩子干，自己"大包大揽"，其实，这是一种错误的爱。比如，有些孩子上了大学以后，生活还不能自理，不得不休学或退学，就是这种错误的爱所造成的典型后果。

在培养孩子情商的过程中，父母应该清楚自己不可能一辈子陪伴在孩子身边，替孩子做事，所以，要学会放手，凡是孩子应该做、能做到的事，父母千万不要包办代替，应该指导、协助孩子，不要剥夺孩子成长的机会。

4. 父母应该少灌输、多启发，培养孩子独立思考的习惯。

大千世界、纷繁复杂，孩子在成长过程中会对很多新鲜事物感到好奇，喜欢问这问那，甚至刨根问底，这正是父母培养孩子独立思考的大好时机。古话说："授人以鱼，不如授人以渔。"父母在回答孩子的问题时，要尽量少一些知识灌输，多一些鼓励、启发。其实，孩子在好奇心的驱使下，能够主动向父母提出问题就已经开始思考了，这时，智慧的父母最应该做的，是引导孩子自己去找答案，给孩子创造独立思考的机会，帮助孩子逐步养成独立思考的良好习惯，而不是直接把答案告诉孩子。这样，不仅能有效地减少孩子对他人的依赖，变得更加有主见，而且还能有效提高孩子的思维能力和观察问题、解决问题的能力。

5. 父母应该注重培养孩子的自律意识和能力，帮助孩子更好地走向独立。

自律能力，又称自控能力，是指个体在没有外部监督的情况下，通过自我要求，约束和控制自己的情绪和行为的能力。自律能力强的人，能够有效地约束和控制自己的情绪和行为，更容易获得成功。相反，自律能力差的人，容易受外界的诱惑和干扰，无法有效地约束和控制自己的情绪和行为，很难有大的作为。

为了孩子学会独立，父母应该采取以下方法培养孩子的自律意识和能力。

方法一：在生活中，通过采取"共同商定、督促遵守"的方式，培养孩子的自律意识和能力。

父母应该从小就跟孩子商定日常生活规则，并跟孩子做好约定：规矩可以商量，但执行不能讨价还价。让孩子意识到规矩定了就必须无条件执行。可以制定的规则比如：早晨几点起床，每天看多长时间的动画片，餐后洗自己的碗筷等。

然而，孩子毕竟是孩子，自律意识尚不够强，容易出现违反规矩的情况，因此，父母可以适当引进"量化奖惩制度"，督促孩子遵守规矩。比如，孩子遵守得好，给予一定的量化加分，反之，则给予一定的减分，积分达到一定数量可以"兑换"相应的奖励：如可以奖励孩子一件玩具，也可以奖励一定的零花钱，还可以允许孩子多看一部动画片等等。

方法二：通过采取"延迟满足"的方式，培养孩子的自律意识和能力。

心理学上有一个非常重要的概念：延迟满足。它是指抑制欲望的即时满足，让人学会等待。

从小自律意识和自律能力强的孩子，更容易在学业、生活上取得成功。父母可以通过采取"延迟满足"的方式，培养孩子的自律意识和能力。比如，孩子看上了一件心仪的玩具，提出想买，父母可以这样对孩子说："如果你怎么怎么样，那么，到了生日或某个其他时间就可以送你这件礼物。"这样，不仅能让孩子懂得有付出才会有收获的道理，而且，还能有效增强孩子的自律意识和能力。

方法三：通过讲励志故事的方法，培养孩子的自律意识和能力。

古今中外的不少书籍中，都记载着许多励志故事，这些故事对后人产生了重要而又深远的影响。孩子天生喜欢听故事。父母可以挑选一些通过自律取得学习进步、事业成功和家庭幸福的故事，讲给孩子听，为孩子树立学习的榜样，影响、启迪孩子，增强孩子的自律意识和能力。

6. 父母应该通过培养孩子独立生活的能力，来培养孩子的独立性。

父母应该为孩子创造独立生活的环境和条件，引导孩子朝着独立生活的方向努力。比如，到孩子该学吃饭的年龄时，父母应该为他们准备好小桌、小椅、小碗、小勺等，放手让孩子锻炼自己吃饭的能力，这样有助于增强孩子的自信心。

同时，父母在培养孩子独立能力时，一定要有耐性，不要怕麻烦，做到多表扬、少批评，不可苛求或操之过急，以免挫伤孩子的积极性。

7. 父母应该利用孩子的发展敏感期，锻炼孩子做事的能力。

孩子在 0~6 岁期间，会出现一系列的发展敏感期，这些敏感期分别对应着孩子的某种行为和能力，发现并利用孩子的发展敏感期发展孩子的行为和能力，能起到事半功倍的奇效。因此，父母应该学习、掌握孩子发展敏感期的相关知识，利用孩子的敏感期来发展孩子的能力。比如，父母在给孩子喂饭时，孩子会主动伸出小手来抓握餐具时，就说明孩子到了想自己用手吃饭的敏感期，孩子对练习自己吃饭感兴趣了，这时，父母就应该放手让孩子练习自己吃饭了。否则，不仅会推迟孩子自己吃饭的时间，还可能让孩子失去吃饭兴趣，引发孩子不好好吃饭的问题。

8. 父母应该利用孩子的"第一叛逆期"，培养孩子的独立自主能力。

美国人认为"第一叛逆期"是培养孩子独立能力的最好开始时间。父母不能认为孩子叛逆就是坏事。要知道孩子的叛逆、反抗往往是孩子长大了，开始有自己的主见了，想要独立、积极向上的表现。孩子成人后坚强的意志、独立承担任务的能力以及对人对事的决断能力都是由此发展而来的。所以，父母应该利用孩子的叛逆期来培养孩子的独立能力。

第四节
如何培养孩子的责任心

责任心，又称责任感，是指个体在社会生活中，对自身的社会角色以及角色所承担的责任的认知、产生的情感体验和做出的相应行为，是对自己、亲友、社会和国家负责的一种人生价值观。

责任心作为一种重要的社会性品质，是孩子日后立足社会，获得事业成功和家庭幸福的必备条件。正如社会学家戴维斯曾经所说："放弃了自己对社会的责任，就意味着放弃了自身在这个社会中更好的生存机会。"由此可见，社会责任感对一个人的生存和发展意义有多大。

然而，责任心不是与生俱来的，它需要在生活中慢慢养成。那么，在孩子的情商教育中，父母应该如何培养孩子的责任心呢？应该注意以下几点：

1. 父母应该做好榜样，通过"言传身教"，培养孩子的责任心。

孩子幼小的时候，父母对孩子身心发展所产生的影响远比人们想象的要深得多，尤其是父母的行为比口头的道理灌输有更强的影响力。因为孩子天生具有极强的观察、模仿能力，孩子是通过观察父母的行为举止来进行模仿学习的，父母的行为举止会对孩子起到非常大的潜移默化作用。

因此，在培养孩子的责任心这个问题上，父母应该处处严格要求自己，时刻注意自己的言行。正人先正己——要求孩子做到的，父母自己要先做到；要求孩子不做的，父母自己首先不做。同时，父母要做到一诺千金、言而有信，作出的承诺一定要践行，让孩子懂得做人要诚信的道理。在做事方面，父母要认真负责、脚踏实地，不敷衍搪塞、不应付了事，实实在在，一步一个脚印，对人、对己负责，让孩子懂得"责任重于泰山"的道理。

2. 父母应该注重道理的教导，来培养孩子的责任心。

孩子由于年龄小、阅历浅、心智发育不成熟，不太懂得责任对于一个人的重要意义，也不太明白一个有责任心的人会较受欢迎，事业容易取得成功，家庭容易获得幸福。"不知者，不为过"，作为父母，有责任和义务把这些道理教给孩子，在孩子幼小心中种下责任的种子。同时，还应该告诉孩子，学习是自己的事，要学会对自己的学习负责。通过这种道理、理念的教导，来培养孩子的责任意识。

3. 父母应该通过让孩子自己做家庭生活中力所能及的事，来培养孩子的责任心。

现在不少孩子日常生活中"衣来伸手、饭来张口"，普遍缺乏生活自理能力和责任心，不懂得如何去关心、帮助他人，很难融入集体生活，人际关系也存在不少问题。孩子身上出现这些问题显然与社会大环境和父母的教养方式有很大关系，对孩子的成长发展极为不利，父母应该警觉和反省。

父母应该从让孩子做力所能及的事，比如，收拾玩具和做家务开始，培养孩子的责任心。让孩子自己收拾玩具和做家务，看似简单，意义却非同寻常。先拿孩子自己收拾玩具来说，通过让孩子自己收拾玩具，不仅可以锻炼孩子的思维、辨别、挑选能力，而且让孩子明白自己的东西要懂得爱护，收拾玩具是自己的责任，帮助孩子养成良好品格。再拿让孩子做家务来说，通过让孩子做家务，首先，能够锻炼孩子的动手能力，提高孩子的生活能力，为孩子将来走上独立奠定基础。其次，能够培养孩子爱劳动的好习惯，将来能够更好地融入集体生活，有能力为集体奉献自己的聪明才智。再次，能够减轻父母的家务负担，实现孩子自身的价值，进一步密切亲子关系。最后，也是最重要的，就是能够让孩子明白：做家务不是父母的"专利"，而是每位家庭成员的"共同责任"，从而有效增强孩子的责任心。

4. 父母应该让孩子对自己的行为后果负责，培养孩子的责任心。

一个人的责任意识需要从小培养，父母不能因为孩子小就不让孩子去承担本应由孩子承担的责任。父母应该让孩子从小学会对自己的行为后果负责。比如，孩子上学忘记带书本、作业本或文具等学习用品，刚开始遇到这种情况时，如果条件允许，大人可以帮孩子送过去或跟老师沟通说明情况，避免孩子受批评。但事后，应该及时抓住机会跟孩子说明白：学习，包括携带书本、作业本、文具等都是孩子自己的事，以后要记得带。如果再忘记携带，家长就不再送过去了。再比如，忘记上课、做作业，甚至被老师批评等等，也必须学习自己去面对。只有让孩子懂得自己的行为将会产生什么后果，孩子才能逐渐学会对自己的行为负责，增强孩子的责任心。

5. 父母应该通过让孩子学会做事有始有终，来培养孩子的责任心。

"行百里者半九十"，孩子年龄小，专注力和自控能力差，做事容易虎头蛇

109

尾、有始无终，很难坚持到底。特别是遇到困难、遭遇挫折、遭受失败时，更容易丧失信心、半途而废。这除了跟孩子的专注力和自控能力差有关外，还跟孩子缺乏责任心有很大的关系。孩子意识不到自己这样会给集体或是社会造成什么损失，带来什么后果，父母应该告诉孩子做事虎头蛇尾或半途而废，是对自己、对集体、对社会的一种不负责的态度，会造成不良的后果，有时，甚至会给集体或社会造成无法挽回的损失。教育孩子学会做事有始有终的习惯，这样有利于培养孩子的责任心。

6. 父母应该放手让孩子自己做事，不给孩子贴标签，以此来培养孩子的责任心。

父母不替孩子做他力所能及且该做的事，是为了更好地锻炼孩子独立思考、学习、做事的能力。其实，孩子的天性都是喜欢做事的，这样能体现他们"很能干""了不起"，让他们觉得自己的存在是有价值的。所以，父母不要大包大揽，这么做看似省却了孩子的麻烦，其实也剥夺了孩子成长的机会，还扼杀了孩子的天性，产生对大人的不健康依赖感。

父母应该相信孩子，放手让孩子做事，让孩子对自己负责，这样能增强孩子的责任心。同时，父母要想让孩子成为一个有责任心的人，就应该多表扬、多鼓励孩子，千万不能给孩子乱贴"懒惰""不负责任"和"没有责任心"等标签，否则在心理暗示的作用下，孩子真的会变成一个没有责任心的人。

第五节
如何培养孩子的同情心

同情心，通常是指个体对某事或某人的体贴观察与同情感，是个体对他人产生的关心、亲近、不忍、理解等的特殊感情，是个体良好品格的重要组成部分。

孟子曰："恻隐之心，仁之端也。"恻隐之心，同情之心，是仁慈、仁爱的开始，同情别人主要体现在感同身受地为他人着想。

虽然2016年国家放开了二孩政策，但现在的孩子大多是"独生子女"，从小生活在家人的宠爱甚至是溺爱之中，身上明显带着独生子女特有的个性：自我、娇气、自私、缺乏同情心、包容心和团队合作精神。普遍不容易与他人和睦相处，这会对他们将来的工作、生活、学习和家庭带来不利影响。父母有责任和义务采取措施，唤醒、保护孩子心底的同情心，让孩子心中的仁慈、仁爱之花绚丽绽放。

父母培养孩子的同情心应从以下几点入手：

1. 父母应该从培养孩子助人为乐的品格入手。

助人为乐是中华民族的传统美德。父母有责任教育孩子积极地去帮助别人，这是培养孩子高尚品德的一个重要内容。让孩子明白"赠人玫瑰、手有余香"的道理。

每一个人都不可能是孤立的，人与人之间的交往是一种平等互惠的关系，帮助别人其实也是在帮助自己，今天你对别人怎么样；以后别人也会对你怎么样，今天别人有难，你同情、帮助别人，将来你有需要的时候，别人同样也会来帮你渡过难关。这样就能有效培养孩子助人为乐的好品格，从而达到培养孩子的同情心的目的。

2. 父母应该为孩子做好表率。

父母是孩子第一任、也是影响孩子品格最重要的老师。父母的言行举止会对孩子产生深远的影响，父母的一言一行都可能成为孩子学习、模仿的对象。因此，在培养孩子的同情心方面，父母应该为孩子做好榜样，比如主动去关心、同情社会弱势群体，真诚地帮助需要帮助的人，向社会奉献自己的一片爱心，通过言传身教培养孩子的同情心。

3. 父母可以给孩子讲述充满同情心的故事。

其实，孩子天生是具有同情心的，只是父母的溺爱和娇惯、教育的功利和缺失等把孩子身上的这种天性压抑、埋没了。

当今社会的书坛上，不乏充满爱心、同情心的经典之作，父母有责任多给孩子讲讲充满爱心和同情心的故事，通过一个个生动感人的故事，帮助孩子重新唤醒埋没在心底的同情心。

4. 父母应该激发孩子的"仁爱之心"。

很难想象一个没有"仁爱之心"，不爱他人、不爱社会和国家的人会对自己、他人、社会和国家承担什么责任。因此，父母应该从培养孩子的"仁爱之心"入手，培养孩子的责任心。

父母可以带孩子到敬老院、孤儿院看望、慰问老人或孤儿，让孩子了解弱势群体的生活状况，让他们知道很多人需要帮助，从而培养孩子同情弱者、关爱弱者的"仁爱慈悲之心"。同时，还要主动带孩子参加或鼓励孩子自己参加义捐、义演等献爱心活动。

此外，父母还可以通过与孩子一起饲养小动物，来培养孩子的爱心。孩子天生喜欢小动物，父母可以有意识地让孩子参与像小猫、小狗、小兔子、小金鱼等小动物的饲养、照料过程，让孩子照料这些弱小的生命，帮助孩子唤醒内心的仁爱之心。这样，孩子的责任心就会有效增强。

第六节
如何培养孩子的感恩之心

感恩，通常是指个体对曾经帮助过他的人的一种感激之情。感恩是一种美好的情感，也是中华民族的传统美德，是良好品格的基石。

中国自古就有"知恩不报非君子"和"受人滴水之恩，定当涌泉相报"的古训。感恩是做人的基本修养。一个懂得报恩的人，不仅会得到尊重、喜爱和欢迎，而且也会获得更多的信任和支持。感恩是一种处世哲学，是一种生活智慧。学会感恩，才能拥有健康的心态和积极的人生观。

感恩教育的目的就是培养孩子良好的思想品德、社会公德和家庭美德，使其成为有事业心、有责任感的合格公民。那么，在孩子的情商教育中，父母应该如何培养孩子的感恩之心呢？请注意以下几个方面：

1. 父母应该通过"榜样示范"，培养孩子的感恩之心。

"种瓜得瓜，种豆得豆"，父母是什么样的人，孩子将来也会是什么样的人。要想让孩子有孝心，做个懂得感恩的人，父母必须要有孝心，孝敬父母、尊敬长辈、懂得感恩。再好的理论、再深刻的道理也比不上父母以身作则的示范作用。父母怎么说、怎么做，孩子都看在眼里、记在心上。因此，父母要给孩子做表率，对帮助过自己的人，要懂得感激、感恩和回报，用自己的实际行动为孩子做示范，以此来培养孩子的感恩之心。

2. 父母应该通过讲故事，培养孩子的感恩之心。

有一则故事说，两个人同时去见上帝，问上帝去天堂的路怎么走。上帝见两人饥饿难耐，就先给他们一人一份食物。其中一个人接过食物后很是感激，连声对上帝说："谢谢！谢谢！"而另一人接过食物后则无动于衷，仿佛这是他应得的。

后来，上帝只让那个说谢谢的人上了天堂，另一个则被拒之门外。那人很不服气，说："我不就是忘了说声谢谢吗？"上帝回答他说："不是你忘了，而是你根本就没有感恩之心，一个人如果没有感恩之心，就说不出感恩的话；不知感恩的人，就不懂得如何去爱别人，也得不到别人的爱。"上帝接着又说："这就没办法了。因为通往天堂的路是用感恩的心铺就的，只有用感恩的心才能打开，而往地狱的则不用。"

上面的这则故事虽然是虚构的，但它通过生动的情节将感恩的重要性凸显出来。像这类感恩故事，在书本里、生活中有很多，父母应该充分利用孩子喜欢听故事的特点，多给孩子讲述一些跟感恩有关的故事，以此来熏陶孩子纯洁的心灵，逐渐培养孩子的感恩之心。

3. 父母应该从身边日常的小事入手，培养孩子的感恩之心。

人们常说"从大处着眼，从小处入手"，这种思维非常适合用来培养孩子的感恩之心。

孩子的认知能力、行为能力都有限，培养孩子的感恩之心不可能一蹴而就，家长需要从身边的日常小事中抓住教育机会，不失时机地教育引导孩子。比如，可以先从教孩子说"谢谢"开始，告诉孩子当别人帮助我们时，应该真诚地说声"谢谢"。当别人鼓励和赞美我们，或者收到别人赠送的礼物时，也应该及时表达谢意；等孩子长大一些，有能力回报他人时，就应该告诉孩子要用实际行动来报答曾经帮助过自己的人。

4. 父母应该坦然地接受孩子对自己的爱，以此来培养孩子的感恩之心。

现实生活中，很多父母往往只注重自己对孩子的爱，却在有意无意中忽视了孩子对父母的爱。比如，当孩子看到父母很辛苦，想帮父母做家务的时候，父母却常常会对孩子说："家里的事不用你操心，你把书念好就行了。"久而久之，孩子就容易认为做家务是父母的事，父母为自己所做的一切都是应该的。父母应该坦然地接受孩子对自己的爱,让孩子帮忙做一些力所能及的事,感受父母操持家庭的艰辛,否则容易无意中泯灭孩子的感恩之心。

5. 父母应该有节制地满足孩子的要求,让孩子知道不是自己的所有要求,父母都必须予以满足,以此来培养孩子的感恩之心。

很多父母对自己的物质需求很苛刻,不愿多花一分钱,对孩子却非常慷慨,倾其所有也要满足孩子的要求。人的欲望是无止境的,父母越是无原则地迁就孩子,满足孩子的种种要求,孩子的欲望就越会膨胀,最终养成自私自利的性格,不懂得感恩、报答父母和社会。父母对孩子的需求予以的满足要有分寸,要学会拒绝孩子的不合理要求,让孩子明白,在这个世界上,不可以为所欲为,要学会控制自己的欲望,以此来培养孩子的感恩之心。

6. 父母应该通过鼓励孩子多参与公益活动,来培养孩子的感恩之心。

父母还应该鼓励并创造条件让孩子参与义捐、义演、义务劳动等有利于社会和他人的公益活动,让孩子体会到奉献社会、帮助他人的乐趣,培养孩子热爱社会、乐于助人的高尚思想品格。久而久之,孩子就会知道:自己所得到的恩惠原来都是从别人的付出中而来,所以人需要真诚地感恩并用实际行动报答曾经帮助过自己的人、回馈社会。

第七节
如何培养孩子的自我激励能力

自我激励,是指个体具有不需要外界奖励和惩罚作为激励手段,就能为设定的目标而努力行动的一种心理特征。

人的一切行为都是受激励产生的，通过不断的自我激励，会使人产生一股内在的动力，朝所期望的目标前进，最终达到成功的顶峰。

自我激励可分为三个层面：第一个层面是自省，适当而正确的自省，往往使人获益。第二个层面是感恩：感恩是成功的基石，是灵魂深处的养分。第三个层面是自我实现，是自我激励的最高境界，也是马斯洛需求理论中的最高层级。

自我激励是个体对美好事物的向往、追求和希望，自我激励往往和外部激励形成有机的"共振"效应，典型的例子有教育心理学上著名的罗森塔尔效应。父母应该认识自我激励效应，并合理地在孩子的教育中加以运用。

那么，父母应该如何培养孩子的自我激励能力呢？

1. 父母应该通过给孩子积极的心理暗示，来培养孩子的自我激励能力。

每一个孩子都是独一无二的，都有优点和不足。

父母应该是孩子最信任、最亲近的人，也是最了解孩子的人。父母所说的话，特别是对孩子的看法和评价，对孩子会产生巨大的影响，有时甚至是决定性的。孩子的自我意识，很大程度依靠父母对他们的评价。因此，在培养孩子自我激励能力上，父母应充分发挥"权威"的作用，经常给孩子积极的心理暗示，以此来激励孩子。比如，父母应该经常告诉孩子他们身上的优点，这样，孩子就会觉得自己很棒，是有价值的、宝贵的个体，就不会感到自卑，从而变得越来越自信。

2. 父母应该通过给孩子成功的体验，来培养孩子的自我激励能力。

通常，孩子考试失利、成绩不好时，是最容易否定自己、失去信心、产生自卑心理和自暴自弃想法的。父母应该对此足够重视，除了要及时发现并用语言关心、安慰、鼓励孩子外，还要让孩子体验成功的喜悦。比如，可以结合孩子的兴趣爱好，让孩子做一些他喜欢的或擅长的事，并及时鼓励和夸奖孩子，让孩子体验成功的喜悦，以此来增强孩子的自信心，培养孩子的自我激励能力。

3. 父母应该教育孩子经常给自己积极的心理暗示，以此来培养自我激励能力。

成功与否，不仅与外部环境有关，更与自我内心反应有关。如果一个人常常在心里对自己说"我能行"，那么，其结果往往就是真的行；相反，如果一个人常常在心里对自己说"我不行"，其结果往往就是真的不行。其实，这就是心理暗示的作用。

父母应该教育孩子经常给自己积极的心理暗示，尤其是在孩子遇到困难或失败的时候，因为此时孩子更容易灰心气馁。教育孩子在心里对自己说："我能行""我可以"等激励性的话语，以此回应平时成人对自己的鼓励。

第八节
如何培养孩子乐观开朗的性格

乐观开朗，是指个体不管遇到任何情况，都能坦然面对的态度和性格。乐观开朗既是积极的生活态度，也是人际交往的基石，更是战胜困难的有力武器。

华盛顿曾经说过："一切和谐与平衡、健康与健美、成功与幸福，都是由乐观积极的态度决定的。"一个乐观开朗的人，不仅能够保持身心健康，而且更容易受到他人的喜爱和欢迎。相反，一个生性悲观的人，无论遇到什么事，都会先想到消极糟糕的一面，久而久之，就会变得消沉、颓废，容易遭遇失败。

那么，父母应该如何培养孩子的乐观开朗的性格，让孩子成为一个更阳光、更有朝气、更受人欢迎的人呢？

1. 父母应该为孩子做表率。

如果说家庭是一个"大染缸"，那么父母无疑就是"大染缸"里的最好"染料"。父母的言行举止、脾气性格都会潜移默化地影响孩子。父母性格乐观开朗，孩子大多也会性格乐观开朗，反之亦然。

父母想要培养孩子乐观开朗的性格，首先自己就要做一个乐观开朗的人，遇事不斤斤计较，尽量做到宽宏大量；遇到困难微笑面对，不悲观失望，尽量往好的方面想；对未来满怀憧憬和希望，健康快乐地生活。以乐观开朗的性格、健康快乐的生活方式影响孩子，教育孩子，熏陶孩子。

同时，父母还应该努力为孩子营造美满和谐的家庭氛围，这样也有利于培养孩子乐观开朗的性格。

2. 父母应该教育孩子学会情绪管理，做快乐心情的小使者。

情绪是会传染的。当孩子经常和乐观开朗的同伴在一起，自己也会乐观开朗起来。但周围的人并不是时时保持乐观愉悦的情绪状态。当孩子遇到在悲观消极情绪中的人的时候，往往比成人更容易被"传染"，久而久之也成为容易悲观的人。父母应该为孩子的交友把关，使孩子远离不良同伴；同时，父母也要教育孩子学会情绪管理，使孩子不轻易被环境中的消极情绪感染，更要以自己乐观开朗的情绪感染周围的伙伴，做快乐心情的小使者。

3. 父母应该教育孩子不过分苛求自己。

幸福、快乐其实就是一种心态。如果一个人把幸福、快乐的目标定得太高，往往努力了也达不到，那么，他就感觉不到幸福和快乐。

"金无足赤、人无完人。"父母想要培养孩子乐观开朗的性格，就要教育孩子不能对自己过分苛求，而应该把奋斗目标定在自己能力所及的范围之内，通过努力就能实现，让孩子经常体验成功带来的快乐，这样有助于培养孩子乐观开朗的性格。

4. 父母应该经常陪伴孩子，并注重培养孩子广泛的兴趣爱好。

阅读能够增长知识，音乐能够陶冶情操，运动能够强健身体，旅游能够开阔视野。父母应该根据孩子的特点，培养他们的兴趣爱好，充实孩子的生活，丰富他们的精神世界，多让孩子经历一些美好、愉快的事情。

　　同时，父母还应该尽量抽时间陪伴孩子，多开展亲子活动，比如，陪孩子做游戏、看电影、散步等，让孩子感受到来自父母的爱，增进亲子关系，增强孩子的安全感。这样，孩子就不会感到生活单调、精神空虚，就会对生活充满激情和希望，有助于培养孩子乐观开朗的性格。

5. 父母切忌给孩子乱贴标签。

　　贴标签，顾名思义，就是像为商品定价贴标签一样，给一个人以一个关键词作为定义，将他的性格、行为等规限在一个固定的小方框中。

　　当一个人被贴上标签时，就会作出自我印象管理，使自己的行为与所贴标签内容相一致。当孩子被贴上"胆小""怯懦""没出息"等有强烈负面信息暗示的标签时，更容易产生自卑、沮丧的心理，这对孩子心理的伤害是不容小觑的。

　　贴标签，即使在成人世界里，也不是一种愉快的体验，更何况是可塑性很强、性格还未定型的孩子。因此，父母切忌给孩子贴标签，以免强化孩子的不良行为，导致出现更严重的问题。

第九节
如何培养孩子抗挫折的能力

　　抗挫折能力，就是个体应对失败、挫折所表现出来的能力。抗挫折能力强的人，跌倒后会坚强地爬起来，继续勇敢前行，因此，他们更容易品尝到成功的果实。相反，抗挫折能力弱的人，一旦遇到困难、遭遇失败，就容易垂头丧气、失去斗志，半途而废。

孟子曾经说过："天降大任于斯人也，必先苦其心志，劳其筋骨，饿其体肤。"就是说一个人想要取得成功，就必须吃得了苦、经受得住挫折和磨难。

抗挫折能力对于一个人的成长发展很重要，因此，父母应该从小对孩子进行抗挫折教育，使孩子的心态更加乐观，意志更加坚定，抗打击能力更加强大。

那么父母应该如何培养孩子的抗挫折能力呢？

1. 父母应该为孩子做好抗挫折的表率。

父母是孩子学习、模仿的最好榜样，父母对孩子的影响是全方位的。因此，父母平时就应该为孩子做好乐观面对困难、挫折，勇敢克服、战胜困难的榜样，遇到困难、挫折或遭受失败时，不能唉声叹气、怨天尤人，而应该做到心态平和、坦然面对，用乐观积极的态度、坚韧不拔的意志、百折不挠的精神去克服困难、战胜逆境。这样，当孩子遇到困难和挫折时，就会模仿父母的态度和方法，勇敢、坚强地去面对。

2. 父母应该教育孩子学会坚持，培养孩子坚韧不拔的意志，提高孩子的抗挫折能力。

"阳光总在风雨后。"不经历风雨，何以见彩虹。美国心理学家马丁·塞利格曼曾经说过："孩子要想获得成功，就必须学会接受失败，感受痛苦，然后不断努力，直至成功来临，每一过程都不能回避。失败和痛苦是构成成功和喜悦最基本的元素。"

成功与失败常常只有一步之遥。遇到困难时，只要能够再咬牙坚持一下，成功的大门往往会因此打开。如果一遇到困难、挫折和失败，就灰心丧气、半途而废，那永远不会有成功的一天。

父母应该教育孩子学会坚持，告诉孩子"行百里者半九十"的道理，让孩子明白坚持的意义。同时，从日常小事开始，督促孩子一件一件去完成。当孩子遇到困难、挫折或失败时，要帮助孩子认真查找原因，鼓励孩子学会坚持，勇敢地去克服困难，实现目标。

3. 父母应该多为孩子创造锻炼的机会，通过让孩子经历磨难，培养孩子坚强的意志，提高孩子的抗挫折能力。

著名心理学家马斯洛曾经说过："挫折并不全都是坏事，关键在于对待挫折的态度。"

"失败是成功之母。"孩子不是温室里的"花朵"，父母不要以为"孩子小，无法经历挫折与失败打击。"日常生活中，父母应该多带孩子去参加一些有挑战性的活动。比如，登山、攀爬、走独木桥等，甚至难度更大一些的运动项目。父母也可以跟孩子玩一些自己比较擅长的游戏，并在游戏中"赢"孩子，给孩子创造历练的机会，磨砺孩子的意志，增强孩子克服困难的勇气，提高孩子的抗挫能力。

4. 父母应该教会孩子接受失败，学会从哪里跌倒就从哪里爬起来。

孩子年龄小，缺乏阅历和经验，遭受挫折和失败在所难免。

当孩子遭受挫折或失败时，父母应该告诉孩子："失败并不可怕，每个人在成长的道路上，都会遇到挫折，甚至遭受失败。伟大的发明家爱迪生就是从无数次失败中，总结经验教训，不断尝试，最终才获得成功的。你还小，没有经验，失败是再正常不过的事，不要有思想包袱。"引导孩子坦然接受失败。这样一旦孩子遇到挫折或遭受失败时，就不会有太大的思想负担，更不会丧失信心。

同时，父母应该耐心引导或帮助孩子查找失败的原因，教育或启发孩子找出解决问题的方法，鼓励孩子在哪里跌倒就从哪里爬起来，练就坚强的意志，大胆重新尝试，直至取得成功。

5. 父母应该让孩子多参加体育运动，强健体魄，锻炼意志，提高孩子的抗挫折能力。

生命在于运动。运动不仅能够强身健体，给人带来活力，使人更加乐观、自信；而且还能有效锻炼人的意志和品格，使人更加勇敢、坚强，增强人的抗挫折能力。

身体是革命的本钱。一个人只有具备了强健的体魄，强大的内心，才能克服艰难险阻，到达理想的彼岸。运动恰恰能够使人体魄强健、内心强大。因此，父母应该从小有意识地多带孩子到户外活动，培养孩子爱运动，鼓励孩子多参加体育运动，并积极给孩子创造参加运动的条件，让运动成为孩子多彩生活的重要组成部分，培养孩子健康向上、积极乐观的生活方式。

第十节
如何培养孩子人际交往的能力

良好的人际关系是孩子将来融入社会、取得成功的根基。那么，父母应该如何培养孩子的人际交往能力呢？

1. 父母应该教孩子做一个懂得尊重他人的人。

俗话说："你想要别人怎样对你，就得先怎样对别人。"孔子也曾这样说过："己欲达而达人，己欲立而立人。"尊重别人是人际交往的第一法则，尊重别人和获得别人尊重是一个问题的两个方面，尊人者，人尊之。要想拥有良好的人际关系，就应该首先学会尊重别人。不尊重他人，实际上就是不尊重自己，也就无法赢得他人的尊重。任何抬高自己或贬低他人的言行，都不利于建立和谐的人际关系，对自己的成长和发展也是极为不利的。

父母应该为孩子做榜样。不仅要尊重长辈，也要尊重同辈和晚辈。父母应该告诉孩子："人与人之间是平等的，人与人之间的交往，贵在相互尊重，只有尊重他人，才能赢得他人的尊重。"从而，让孩子懂得"尊重他人的人，更容易受到他人青睐和喜爱"的道理，帮助孩子从小养成尊重他人的良好习惯。

除了做表率、讲道理外，父母还可以教孩子学会换位思考，培养孩子养成尊重他人的习惯。孔子曰："己所不欲，勿施于人。"孩子只有站到他人的立场上去观察问题、思考问题，才能体会到对方的真实感受，做到尊重他人、理解他人、宽容他人和善待他人，不把自己的意志强加给他人。

2. 父母应该教育孩子做一个懂得社交礼仪的人。

礼仪、礼貌体现了一个人的品质和涵养。在人际交往过程中，那些懂礼仪、有礼貌的人往往更容易赢得尊重，受到喜爱和欢迎，因此也更容易融入集体、获得成功。因此，父母对孩子应该进行社交礼仪的教育和培养，让孩子成为一个懂礼仪的人。父母可以从以下几个方面培养孩子的社交礼仪。首先，要教育孩子注意个人的仪容仪表。比如，着装、行为举止要合乎大众的审美观念。其次，教育孩子懂得基本的礼貌。比如，主动跟别人打招呼，使用文明、礼貌用语，懂得基本的餐桌礼仪，学会守时等。再次，要教育孩子尊重他人、学会倾听等。

3. 父母应该教育孩子做一个善于合作的人。

人类是群居动物。人与人之间有着千丝万缕的联系，竞争、合作已经成为这个时代的新常态，一个人的团队意识和合作能力强弱，会直接关系到他一生的发展。"一个篱笆三个桩，一个好汉三个帮。"在人与人之间联系日益密切的情况下，没有人能脱离他人而存在。那些团队意识强、善于与人合作的孩子将拥有更广阔的发展空间，也更容易获得事业成功。因此，父母应该从培养孩子的团队意识入手，提高孩子的合作意识和能力。最简单、有效，也是最符合孩子身心发展特点的方法就是让孩子跟同伴一起玩团队游戏。比如，打篮球、踢足球、集体跳绳等，寓教于乐，通过游戏教育孩子认识到团队意识和与人合作的重要性。

同时，父母还应该教会孩子如何与人合作、与人相处。如教育孩子为了实现一个共同的目标，必须具有强烈的集体荣誉感和无私奉献的精神，做到悦纳他人、个人服从集体，尽自己最大努力完成本职工作，并积极为他人创造发挥聪明才智的机会，形成强大合力。

4. 父母应该教育孩子做一个善于沟通的人。

良好的沟通是一种双向的交流过程，是人际关系中最重要的部分。它不仅是个体获取信息的重要手段，能够有效满足个体需求，维持个体心理平衡，而且还是个体思想交流和情感分享的重要工具，能有效增进了解，减少冲突，改善人际关系，促进目标的顺利实现。

因此，父母应该从小教会孩子沟通的基本方法和技巧。比如，要教孩子学会倾听，做一个好的听众，不轻易打断他人说话。因为倾听既是对对方的尊重，更是了解对方说话真正意图的重要手段，只有认真倾听，才能有效进行沟通。又如，要教孩子正确使用肢体语言：要面带微笑，表情自如，坐姿端正，目光注视对方等；再如，要注意说话技巧——注意对方表情的变化，懂得随机应变。说话前，要深思熟虑，说话口齿要清晰，语言要简洁，语气要温和，态度要诚恳，对长辈说话要用敬语等。

5. 父母应该教育孩子做一个值得信赖的人。

诚信是人的立身之本，也是让人信赖的"基石"。一个人只有讲诚信、才能赢得他人的信赖，被他人接纳，受到他人的欢迎。相反，一个背信弃义的人，人们会远离他，孤立他。

想让孩子成为一个值得信赖的人，父母的表率作用非常重要，父母首先应该为孩子做好诚信的榜样，做到讲求诚信、有诺必践。

父母想要把孩子培养成为一个值得他人信任、依赖的人，还应该教会孩子要有责任感，敢于负责；要有奉献精神，不计得失；要通情达理，得理让人；要宽宏大量，友善待人；要富有爱心，乐于助人；要有团队协作意识，有集体荣誉感，能顾全大局等。

6. 父母应该教育孩子做一个"好脾气"的人。

一个人的脾气好坏直接影响到人际关系。"好脾气"是人际关系的"吸铁石"，一个"温良恭顺"的人更容易吸引他人，赢得他人喜爱和尊重。

父母想要改变孩子的坏脾气，必须教会孩子正确管控情绪。比如，教孩子在情绪暴发前，采用深呼吸、心中默默数数、转移注意力、找个地方大哭一场、击打枕头或沙包等方法，来排解消极情绪。

7. 父母应该教育孩子做一个有责任心的人。

责任心是一个人做事取得成功的"根基"，更是一个人赢得他人信赖的"法宝"。

一个有责任心的人，会始终把国家的利益、集体的利益和他人的利益放在自己的利益之上，对国家负责，对集体负责，对他人、对自己负责，做事更懂得坚持，不会轻言放弃。所以，父母应该从小培养孩子的责任心。

要培养孩子的责任心，父母首先应该从思想教育入手，帮助孩子认识责任心对于事业成功和家庭幸福的重要意义；其次，父母应该掌握有效方法。培养孩子责任心最简单且最有效的办法，就是给孩子分配一项或几项合适的"工作"，如，让孩子每天负责扫地或擦桌子，父母及时跟踪检查完成情况，就能逐渐增强孩子的责任感。再如父母应该教育、引导孩子对自己的行为负责，让孩子学会坚持，就更容易取得成功。同时，也更容易受到他人的欢迎。

8. 父母应该教育孩子做一个经常微笑的人。

微笑是世界通用的语言，是最动人的表情，更是一道最美的风景。不管你身在何处，也不论你面对何人，微笑都是一种最简单、最有效和最温馨的交流方式。

微笑是人际交往的"法宝"，它能有效消除隔阂，解除戒备，拉近人与人之间的距离。一个脸上总挂着微笑的孩子，会用积极的态度去面对人生，迎接挑战，更容易取得成功。

因此，父母应该教会孩子经常保持微笑，用微笑坦然面对一切，笑对困难、笑对人生，这样，生活将会更加美好。

第四章

父母怎么做或说，孩子才会更听话

现实生活中，常常会听到一些父母有类似这样的抱怨："不知怎么搞的，孩子越大越不听话了，不管大人说什么，他们就是听不进去，有时还会跟大人顶嘴，对着干。真是一个头两个大，都快要被孩子逼疯了。"

我相信许多父母都有类似的经历，也理解他们的焦虑和无奈。天下做父母的，谁不希望孩子能听话，能按父母的意愿去发展，将来能有所作为？所以，孩子在成长过程中，变得不听话，的确会让父母感到焦虑。但是，父母的焦虑、生气甚至抱怨，往往解决不了孩子不听话的现实问题。

其实，想要解决问题，先找到问题的症结才是关键。对症下药才能药到病除。

养育孩子，父母不能不知道的那些事

现实生活中，在很多父母看来，自己苦口婆心、不厌其烦地跟孩子说一千、道一万，都是为了孩子好。在他们眼里，自己是长辈、权威，孩子是晚辈，长辈说话，晚辈必须无条件地听从，这是天经地义的事。如果孩子不听话，那问题肯定出在孩子的身上。他们不会反省，不会去寻找孩子变得不听话的原因。

那么，孩子不听话的根源真的都在孩子身上吗？

让我们先来看下面这则有趣的寓言，也许就可以找到想要的答案。

故事

一群可爱的蝌蚪宝宝结伴去遥远的地方寻找自己的父母。一路上，它们历经千难万险，最后，终于好不容易地找到了自己魂牵梦萦、日夜思念的爸爸妈妈。

正当它们沉浸在与父母重逢的喜悦之中时，谁知它们的妈妈对它们说的第一句不是"孩子们，你们一路上辛苦了"之类的安慰的话；也不是"爸爸妈妈很想你们，很爱你们，快过来让妈妈看一看、亲一亲、抱一抱！"之类的暖心话，而是说了一句它们最不爱听的——"孩子们，作业写完了吗？"听完妈妈这句扫兴的话，蝌蚪宝宝们刚才还无比喜悦的心一下子跌入了冰窟窿，异口同声地说："走吧，它不是我们的妈妈。"

相较于蝌蚪妈妈的"不近人情"，蝌蚪爸爸则显然懂得宝宝们的心思，它只说了一句"玩去吧！"立马就赢得了蝌蚪宝宝们的一致喜爱，它们齐声对它喊出了"耶！亲爸！"

这则寓言故事直观生动地揭示了儿童独特的性格特点和思维方式，孩子的思维和意志是完全以自我为中心的，与他们沟通时，"投其所好"非常重要。父母对孩子说话的方式方法和内容同等重要，父母能否把话说到孩子的心坎上，将直接影响孩子听话的效果。

由此可见，孩子变得不听话，除了因孩子逐渐长大、越来越有主见外，跟亲子关系、父母思想观念等都有很大的关系。

如果父母跟孩子关系不好，经常处在剑拔弩张的状态，势必导致沟通不畅；或者父母总是高高在上，不懂得尊重孩子，不跟孩子商量，武断地替孩子做决定；或者父母总是对孩子不信任，喜欢约束、控制孩子，甚至监督孩子；或者父母脾气暴躁，没有理解和包容心，一旦孩子做错了事，对孩子非打即骂；或者父母对孩子要求过于严苛，喜欢鸡蛋里挑骨头，对孩子总是横挑鼻子竖挑眼；或者父母对孩子期望值过高，喜欢在孩子面前指手画脚，不断指挥、评价孩子的行动作为，让孩子觉得心烦；或者父母经常自以为是，不懂得换位思考，常常把自己的意志强加到孩子身上，让孩子感到无奈、委屈；或者父母经常说话不算数，让孩子感到伤心失望，失去在孩子心目中的权威等等不当行为。那么，孩子就会产生逆反心理，变得不听话。

本章将从真实的个案入手，运用心理学、教育学等相关知识，结合自己和他人在养育孩子过程中的做法和经验，从 12 个方面，详细阐述父母应该怎么做、怎么说，孩子才会更听话。希望对广大的父母能够有所启迪，有所帮助。

第一节
父母与孩子建立良好亲子关系

> **案例**
>
> 小亮今年7岁，上小学一年级，是老师、同学眼里公认的好学生——乖巧听话、成绩优秀。可是，谁也想不到，小亮曾经也是一个令父母"头疼"的"熊孩子"。
>
> 小亮妈妈说，小亮一出生，全家人就围着他团团转，无微不至地照料他，一家人其乐融融。可是小亮长到3岁时，突然变得不听话了，不论大人跟他说什么，小亮都会说"不"，还经常故意跟父母顶嘴、对着干。那时，他们不知道这是孩子叛逆期出现的一种正常现象，还以为小亮突然变坏了，心里十分着急，无奈之下，父母就想用打骂的方式让他长长记性，想帮助他改掉坏毛病。可是，打也打了，骂也骂了，就是没有等来他们想要的结果。更糟糕的是，父母的打骂把原本融洽的亲子关系搞砸了，孩子变得愈发不听话，这让他们非常"头疼"。
>
> 后来，小亮妈妈找到一位从事亲子教育的专家，专家听完她诉苦后，给她开了"药方"。专家告诉小亮妈妈："小亮突然变得不听话，喜欢跟大人对着干，这是孩子到了叛逆期常出现的一种正常现象，说明孩子长大了，有主见了，并非家长担心的'孩子开始变坏了'。对孩子这一阶段的叛逆行为，父母要多理解、多包容，帮助孩子顺利度过叛逆期。要改掉打骂孩子的粗暴教育方式，重新跟孩子搞好关系，只要亲子关系好了，孩子就会愿意听你们的话。"专家的一席话，让小亮妈妈如梦初醒，明白了孩

第四章 父母怎么做或说，孩子才会更听话

子变得不听话的原因。小亮的父母开始改变对小亮的态度，用理解、包容、关爱、鼓励等代替以往的打骂，亲子关系渐渐地得到了改善，小亮又开始变得听话起来，最终成了大家公认的"乖孩子"。

解读： 一位著名的亲子教育专家曾经指出："关系是教育的前提。没有良好的亲子关系，家庭教育将无从谈起。"父母想让孩子听话，首先应该跟孩子建立起良好的亲子关系。这样，孩子才能感觉到无论自己跟父母说什么都是安全的，就会喜欢跟父母交流，乐意听父母的话。

个案中小亮从听话到叛逆，再回归到听话的经历就很好地诠释了这个道理——小亮3岁前，亲子关系比较好，那时的小亮很听话。可是到了叛逆期，父母与小亮的关系搞僵了，叛逆期孩子特有的表现遭遇父母粗暴的管教，小亮变得越来越不听话。后来亲子关系得到改善后，小亮又重新变成了一个听话的"乖孩子"。这充分说明父母能否与孩子建立起良好的亲子关系，对于孩子听不听话影响很大。那么，父母怎么才能与孩子建立起良好的亲子关系呢？

1. 父母要尊重孩子。 父母想要孩子尊重自己，就要首先尊重孩子。父母尊重孩子，孩子就能感受到自己是被重视的，才能反过来学会尊重别人，这是健康人格形成的基础。父母应该尊重孩子的人格，从小把孩子作为独立的个体来看待，遇事多跟孩子商量，多听听孩子的意见，让孩子感觉到自己是被父母尊重和疼爱的，这样，孩子才会愿意听父母的话。

2. 父母要学会倾听。 倾听是沟通的前提。学会倾听，是沟通的第一步。父母只有学会倾听，才能走进孩子的内心世界，知道孩子想什么、关注什么和需要什么，才能把话说到孩子的心坎上，有针对性地给予孩子所需要的关心和帮助。

3. 父母要经常与孩子沟通。 沟通是化解分歧和矛盾的最有效方法。父母与孩子产生分歧，发生矛盾，往往是由于缺乏有效沟通。英国教育家斯宾塞说："孩

子在想什么？面临怎样的问题？孩子的内心世界就像一个藏满秘密的盒子。在这个盒子里，有动物，有人物，有梦境，有情绪，杂乱无章地塞在里面。如果不经常打开看一看，有一天当你不经意地打开时，也许会从里面跑出来一只老鼠，吓你一大跳。"这就要求父母要经常跟孩子沟通，及时了解孩子的想法，消除误解和隔阂，这样，亲子关系才会好，孩子也才会更听话。

4. 父母要信任孩子。信任是亲子沟通的基石。父母信任孩子，不仅能够有效地增强孩子的自信心，激发孩子内心巨大的动力，促使孩子取得成功。而且还能够让孩子体会到被尊重和认可的快乐，有效增强孩子对父母的"亲近感"。父母只有信任孩子，孩子才愿意听父母的话，对父母敞开心扉，与父母进行推心置腹的交流。

5. 父母要与孩子做朋友。心理学、教育学专家指出：最好的亲子关系是父母与孩子成为朋友关系。父母要想成为孩子的朋友，就应该主动放下架子，降低身段，拉近与孩子的身心距离，友好地跟孩子相处，平等地跟孩子交流。父母一旦与孩子成了朋友，孩子就会愿意听父母的话，乐意与父母沟通，把心里的秘密毫无保留地告诉父母，这样有利于父母及时、全面地了解孩子，促进孩子身心健康发展。

6. 父母要用爱呵护孩子的心灵。爱是阳光，能沐浴孩子的身心，使他们健康成长。爱是雨露，能滋润孩子干涸的心田。爱是钥匙，能开启孩子的心扉。爱和自由，是意大利著名教育家蒙台梭利的核心教育理念。她的这一教育理念在今天的家庭教育实践中，仍然被证明是正确而有指导意义的。父母想要让孩子听话，就应该用爱去呵护孩子的心灵。尊重孩子的人格，信任孩子，给予孩子一定的自由，理解、包容孩子犯错，关注、满足孩子的需求，高质量地陪伴孩子，让孩子感受到父母是爱他的，孩子就会变得更听话。

第四章 父母怎么做或说，孩子才会更听话

第二节
父母蹲下来跟孩子说话

案例

小强今年4岁，是一个活泼好动的孩子。

小强妈妈说，小强3岁半以前，她和小强爸爸都习惯站着跟小强说话。那时，他们发现跟小强说话时，他的眼神总是游离不定的，常常心不在焉，没有耐心听他们把话说完。尽管他们经常提醒小强要注意听，但小强还是老样子。

一次，小强妈妈跟别的家长聊天时，无意中听到一位家长说："如果大人蹲下来跟孩子说话，孩子就会愿意听大人说话。"她将信将疑，回家后，就"现学现用"。她把小强叫到身旁，试着蹲下来跟小强说话。

咦！她发现这一招还真神奇！她注意到不仅小强能长时间看着自己，而且孩子脸上的表情也发生了变化：以往的那种厌烦的表情没有了，取而代之的是对她所说的话表现出了浓厚的兴趣，还时不时地会跟她有眼神的互动。

小强的妈妈如同哥伦布发现了新大陆，按捺不住心中的喜悦，很快把这一惊人的发现悄悄告诉了小强爸爸，并约定今后要蹲下来跟孩子说话。

自从小强的父母蹲下来跟小强说话以后，小强便越来越愿意听他们说话，也越来越喜欢跟他们交流了，这令小强的父母欣喜不已。

解读：知心姐姐卢勤也说过："蹲下身，和孩子平视，你会发现另一个世界。"无数事实证明：父母站着跟孩子说话，会给孩子带来压抑感，容易让孩子产生逆反心理，变得不听话。父母蹲下来跟孩子说话，那就完全是另一番情景了。

父母蹲下来跟孩子像朋友一般交谈，体现的是父母对孩子的尊重，会让孩子觉得自己与父母是平等的，孩子能从父母的眼神中感受到真诚和爱意，这样，无形中就会拉近父母与孩子心灵间的距离。

现实生活中，大多数的中国父母都习惯站着跟孩子说话，居高临下。殊不知，这种说话的方式会给孩子留下父母高高在上、自己低人一等的不适感，会让孩子感到压抑、不安甚至恐惧。

父母站着跟孩子说话，就如同要孩子仰着头目不转睛地注视高处，即使是大人，时间长了也会受不了，更不要说还是心智发育不成熟且缺乏定力的孩子。

合格的父母即使是批评孩子，也应蹲下来，让自己的眼睛和孩子的眼睛处在同一高度，然后轻轻地握着孩子的手，平心静气地跟孩子说话，尽管是批评，孩子也会乐意听。

父母蹲下来跟孩子说话，以孩子能理解、能接受的方式平等地跟孩子交流、沟通，缩短的不仅仅是与孩子空间上的距离，更重要的是拉近父母与孩子心灵间的距离，让孩子觉得父母是爱自己、尊重自己的，父母不再是居高临下的"权威"，而是平等友好的朋友。这样，孩子就不会产生逆反心理，也不会感到压抑和不安，更不会惧怕父母。他们会愿意听父母说话，也愿意把心里话告诉父母，与父母成为无话不谈的"知心朋友"。

第四章 父母怎么做或说，孩子才会更听话

第三节
父母学会换位思考

> **案例**
>
> 小凯4岁。一天，父母带他去参加一个朋友的生日宴会。席间，大人们神采飞扬、推杯换盏，都喝了不少酒。
>
> 晚宴后，主人精心组织了一场家庭舞会。大人们尽情地唱啊、跳啊、蹦啊，玩得不亦乐乎。小凯却独自坐在一旁的沙发上闷闷不乐。
>
> 小凯吵着让父母带他回家。小凯的父母觉得小凯的表现有点不可思议：大家玩得那么开心，气氛这么好，为什么小凯偏偏就待不住呢？
>
> 为了安抚小凯，小凯妈妈回到小凯身边，她坐下来想劝小凯再坚持一会儿。结果让小凯妈妈吃了一惊：她看到的，全是大人们不停跳动的双腿和扭动的屁股，根本看不到大人脸上愉悦的表情。而小凯妈妈这时的视觉高度，正好是小凯看客厅里大人跳舞的高度，这下，小凯的妈妈终于明白了小凯为什么一直吵着想回家。

解读：类似这样的事情，现实生活中其实还真不少。通常，人们都喜欢站在自己的角度去思考，习惯用自己的思维看问题，把自己的想法和意志强加到孩子身上，以为孩子眼里看到的、心里想到的也跟自己一样。孩子不听话，肯定是孩子的错，这会让孩子感觉很受伤。

不同的高度，看到的风景是不同的。漫画家丰子恺先生有一幅非常出名的画，描绘的是孩子眼里的世界：他们看到的都是桌椅的腿。家长们感到很惊讶，不相信，就蹲下来看个究竟，当他们真的蹲下来看时，才发现果真是那样。

事实上，父母看到的与孩子看到的经常是不同的，有时甚至是截然相反的。个案中，小凯父母跳舞时，看到的是人们的笑脸，自然会觉得很开心；而孩子看到的是人们的腿和屁股，自然就会觉得很无聊。

孩子毕竟是孩子，他们的心智发育还不健全，思维方式比较简单，不可能像大人那样周全地考虑问题。心理学研究表明：孩子往往只知道他"想做什么"或"不想做什么"。而无法明白"为什么不能这么做"和"这样做会有什么后果"。因此，对待孩子犯错误，父母不能只站在自己的立场看问题，一味地对孩子进行批评、指责，而应学会换位思考，站到孩子的角度看问题。

尊重孩子的人格，认真倾听孩子的心声，耐心地和孩子沟通交流，引导孩子说出他的真实想法。只有这样，父母才能更好地走进孩子的内心世界，避免误解、冤枉、伤害孩子。

父母学会换位思考，站在孩子的角度去思考问题，不仅能避免把自己的意志强加给孩子，而且还能真正了解孩子的需求，及时满足孩子的要求，促进孩子的健康成长。

我在户外运动时，经常遇到孩子。看到我在单杠上做引体向上的动作后，他们很好奇，常要父母抱着他们吊挂在单杠上，模仿引体向上的动作。可是，就是这么一个小小的要求，不少父母都不愿满足孩子，他们常说的一句话就是："你这么小，很危险，不要玩。"不管孩子怎么央求都不同意。

有时我实在看不下去，就会对父母说："其实，孩子就想上去玩一玩，满足一下好奇心，你就抱着孩子让他们玩一会儿，孩子就会很开心的。"听我劝说后，有的父母会抱起孩子，让他们在单杠上吊一吊，就这么一个小小的举动，孩子就会特别开心。

父母不能用成人的思维去揣摩孩子的心理，把孩子原本单纯的想法想得过于复杂。有时孩子想尝试做一件事，只是想满足一下好奇心而已，他们注重的往往是过程，而不是结果。父母应该学会换位思考，站在孩子的角度尽量满足孩子哪怕是"看似不合理"的要求，孩子就会很开心。

对于孩子提出的要求，父母不要太强调结果，有时过程会比结果更重要。有时父母的一个小小举动，就能满足孩子的好奇心，让孩子健康快乐地成长。

第四节
父母把话说到孩子心坎上

> **案例**
>
> 小辉今年9岁，是一个懂事听话的小男孩，学习一直比较认真刻苦，但是成绩并不是太理想。
>
> 一天，小辉刚踏进家门就兴高采烈地喊道："爸爸、妈妈，告诉你们一个好消息，我这次期中考试数学得了91分，在班里排名第七呢！"
>
> "你知道你同班同学我们邻居老王叔叔家的洋洋这次考了多少分吗？"听了小辉的报告后，妈妈不仅没有表现出欣喜，反而这样问小辉。
>
> "又拿我跟洋洋比！"看到妈妈平淡的反应，听了妈妈令人心里添堵的话后，小辉感到一阵失落，刚才那股兴奋劲一下烟消云散了。
>
> "好像是95分吧。"小辉满脸不高兴地回答道。
>
> 小辉妈妈没有察觉到儿子的情绪变化，接着对小辉说："怎么又比洋洋考得差，你还得继续努力啊！"
>
> "妈妈，你每次总是拿我跟别人比，总认为别人比我强，总是对我的表现和进步不满意，你这么做让我很伤心，很难过，你知道吗？"小辉生

137

气地提高嗓门冲着妈妈嚷起来。

发泄完心中不满后，小辉眼里噙着泪水，快速跑进了自己房间。

"你这孩子今天是怎么了？脾气这么大，我还不是为你好，想让你继续努力，争取早日赶上别人……"妈妈还在喋喋不休地唠叨着。

在一旁目睹整件事情经过的爸爸急忙用眼神示意妈妈闭嘴，并迅速敲门走进小辉的房间。

"儿子，你这次数学考了91分，第一次超过了90分，进步确实很大，爸爸真为你感到高兴！在学校就得到老师的表扬了吧？"爸爸关切地问小辉。

小辉轻轻地抹了一把眼泪，然后点了点头。

"爸爸知道你是一个勤奋的好孩子，已经很努力了。不过，这只是一次平常的考试，今后还会有很多类似的考试，爸爸希望你不要骄傲，继续努力，好不好？"接着，爸爸又这样鼓励小辉。

"我们来击一下掌，庆贺你取得的进步，好不好？"随后，小辉爸爸这样提议道。

"好啊！"

"啪"的一声，父子俩的手掌欢快地相击，小辉破涕为笑了。

解读：语言是沟通的媒介和桥梁，善于表达的人说话能打动人心，让人身心愉悦，迅速拉近双方关系。反之，不善表达的人，说话容易伤及他人，让人觉得不自在，不舒服，无形中损坏了与对方的关系。

毋庸置疑，父母都是爱孩子的。我完全相信小辉妈妈的初衷是好的，她无非是希望小辉能看到自己与别人的差距，能更加发奋地学习，有更大的进步。然而，她犯了亲子教育中父母最常犯的一个错误——把自己的孩子和别人的孩子相比较。在表达上，小辉的妈妈缺乏说话的艺术，听了小辉的喜讯后不但没有引起心灵上的共鸣，及时表扬小辉，而且又拿小辉跟别人作比较。这样不仅没有把话说到孩子的心坎上，而且还深深地挫伤了孩子的自尊心，引起了孩子的不满和反感，好心办了坏事。

相较于小辉妈妈，显然小辉爸爸就要明智得多。他先是肯定了小辉取得的进步，及时表扬和夸奖小辉，分享小辉的快乐，让小辉感到爸爸是理解自己的。然后，不失时机地提醒小辉不能骄傲，还需继续努力。

虽然小辉父母想要表达的是同一个意愿：希望孩子继续努力，争取更大的进步。但因教育智慧不同，表达方式不同，最终结果迥异。

由此可见，父母对孩子说话时，应该先弄清楚孩子的真正心理需求是什么。然后，再运用说话的艺术，表达出自己的希望和诉求，尽量把话说到孩子的心坎上。只要父母尝试着这么做了，孩子就会更愿意听父母的话。

第五节
父母不唠叨

案例

小慧今年8岁，是一名小学二年级女生。每天放学回到家，妈妈对她说的第一句话不是："小慧，你上了一天学，累了吧？先休息一会儿。"也不是："小慧，上了一天课，累不累啊？"而总是那句早已令小慧耳朵都听出老茧的："小慧，今天老师布置的作业多不多啊？"问完，也不管

> 小慧回答说作业多,还是少,妈妈紧接着对小慧说的第二句话肯定是:"赶紧去做作业吧!"
>
> 其实,小慧早就听厌了妈妈的这几句话,可妈妈似乎并未意识到,还是跟和尚念经似的,每天唠叨。
>
> 小慧在房间做作业时,妈妈时不时还会来个突然袭击——径直走进小慧房间,监督小慧是否专心做作业。一旦发现小慧在房间里休息或玩耍时,一定要把小慧批评一通。弄得小慧感到既委屈、又压抑。
>
> 有时,小慧做完作业,向妈妈提出想到小区里找小伙伴玩一会儿,放松放松,妈妈却毫不留情地拒绝她,还会催她赶紧去预习第二天的功课,搞得小慧很郁闷,认为妈妈不关心她,只关心她的学习。

解读: 唠叨,通常是指反反复复说同样的话。世界上没有人喜欢听别人唠叨;心智尚未发育成熟、缺乏定力的孩子更是如此。

父母教育孩子,不能总是喋喋不休地重复那几句老生常谈的话。父母习惯性地重复陈词滥调只会令孩子心烦意乱、更加叛逆,最终的结果只能是无论父母说什么,孩子都听不进去。

这正好印证了许多父母"我都跟孩子说过无数遍了,可孩子就是听不进去"的抱怨。

这些父母只知道抱怨孩子不领情、不听话,却从未冷静地思考过出现这种情况的原因。同样几句话,反反复复挂在嘴边,孩子耳朵都听出"老茧"了,哪有不烦的?怎么可能听得进去?

缺乏教育智慧的父母,自以为经历的事情比孩子多,见过的世面比孩子广,喜欢动不动就对孩子"说教",还美其名曰"都是为了孩子好"。常常将自己的意愿反复灌输给孩子,不顾孩子的感受,也不考虑当时的时机和场合,难怪会经

第四章 父母怎么做或说，孩子才会更听话

常出现这样的尴尬局面：父母刚一开口，孩子就马上用手把耳朵捂住，并不耐烦地对父母大声吼道——"又来了、又来了，不要说了，你们想说什么我早就知道了。"有的孩子甚至会说，"你们想说的话，我都会背了。"这样，怎么能收到教育、引导孩子的效果呢？

其实，唠叨不仅是一种单纯的语言习惯。父母对孩子唠叨，在心理上的"潜台词"是做父母的不能信任孩子，不放心孩子的言行或者不肯放手让孩子自己成长。这样，孩子在心灵层面会受到的伤害，远比父母缺乏说话的艺术让人厌烦来得严重得多。个案中小慧妈妈对小慧的学习总是一再提醒，小慧就会觉得妈妈不信任自己，心烦。因此，父母若想改变亲子对话时自己喜欢唠叨的状况，首先要从自己的教育思想入手，充分信任孩子的成长潜能。其次，在心理上，需要明确父母与孩子的心理界线，充分尊重孩子在心理上的需求。

同时，父母教育孩子时，话语要简洁明了，并注意把握时机，懂得察言观色、见好就收。父母对孩子说教，无非是想让孩子听进去，并有所改变。既然如此，当父母发现自己在对孩子说话，孩子已经流露出厌烦情绪，或已经说不要再说了之类的话时，父母就应该立即闭嘴，哪怕当时话只说了一半，也应该马上停住。因为即使勉强说下去，不仅不可能收到想要的效果，相反，还很可能引起孩子反感，甚至损害亲子关系。

父母一旦遇到上述情况，可以从容地离开，去做别的事情；也可以换个孩子感兴趣的话题跟孩子继续聊。千万不要一厢情愿，强行把话说完，好像只有这样才算尽到了做家长的责任，父母这么做自己心里觉得气顺了，而孩子心里却觉得添堵了，这种吃力不讨好、事与愿违的蠢事，做父母的千万别干。

养育孩子，父母不能不知道的那些事

第六节
父母说话算数

> **案例**
>
> 小伍今年 9 岁，上小学三年级。小伍的父母平时做点小生意，整天忙忙碌碌的。
>
> 小伍常常跟同学抱怨说父母经常说话不算数，让他感到很失望之类的话。比如，有一回，小伍说了下面的这一番话：
>
> "爸爸跟我说好，如果我期中考试英语成绩能够进入班级前五名，就奖励一件心仪的玩具。可是，当我拼尽全力，终于挤进班级前三名时，爸爸却推托说等有空时再带我去买，尽管后来我多次催促爸爸兑现承诺，可爸爸到今天还没兑现承诺。
>
> 又比如，妈妈跟我说好，等我做完作业，就让我玩半个小时游戏。可当我做完作业时，妈妈又要我去预习功课。等到预习完功课，我已经累得连玩游戏的兴趣都没了，真没劲。
>
> 再比如，爸爸妈妈跟我说好的，只要我平时好好学习，等放假了，就带我出去旅游。可是等到放假了，他们又说生意忙，走不开，等下次有时间了再去，结果次次成泡影，我对他们太失望了。"
>
> "爸爸妈妈说话总不算数，现在，无论他们说什么，我都不会相信他们了！"小伍愤愤不平地说出了最后这一句。

解读：现实生活中，像小伍父母那样，为了让孩子能够好好学习，轻易向孩子许诺的父母其实还真不少。

142

他们错误地认为孩子年龄小、不懂事，哄一哄、骗一骗就过去了。在这种错误思想的指导下，他们对孩子信口开河，随意许诺，等到需要兑现承诺的时候，就采取"拖、骗、哄"等策略，让承诺一次次打水漂。

父母是孩子信赖的"权威"，父母说的话常常被孩子当作圣旨一般。如果大人对孩子许诺后，又不当回事，当孩子付出巨大的努力，发现仍然达不到自己的心愿，就会对父母感到失望，有时甚至是绝望。孩子会这么想：既然自己最亲近、最信任的父母都可以说话不算数，那在这个世界上我还能相信谁呢？这不仅会给孩子的心理造成很大的伤害，而且还会给孩子带来"信任危机"，很多父母就是在一次次"说话不算数"的过程中，渐渐失去了在孩子心目中的"权威"，使孩子变得越来越不听话。此外，父母说话不算数，还可能使孩子有样学样，模仿父母的行为，变成一个不诚信的人。

俗话说"一诺值千金"。在中国传统文化中，诚信的品格是非常基本而且重要的个人素质。孔子曾说过："人而无信，不知其可也。"因此，做父母的，都应该好好学习一下"曾子杀猪"中的曾参，做到言而有信、有诺必践。

父母最好不要轻易在孩子面前许诺，一旦给孩子许下了诺言，就一定要兑现。只有父母说话算数，孩子才会更愿意听父母的话。

第七节
父母学会凡事跟孩子商量

案例

小璇今年6岁,是一个非常懂事、乖巧的女生。在家里,跟父母相处融洽;在幼儿园,跟老师、同学关系和谐。

熟悉小璇家庭情况的人都说,小璇能够这么听话、懂事,跟她有一对智慧、民主的父母有很大的关系,他们都非常羡慕这个家庭。

小璇的父母都是高知,他们从小就很尊重小璇。但凡家里的事,尤其是涉及小璇本人的事,都会在做决定前,先跟小璇商量,征求小璇的意见,听听小璇的想法,从不武断地替小璇做决定。

正因为小璇的父母有做事跟小璇商量的习惯,所以,尽管他们先后给小璇报过很多兴趣班、特长班,但因为事先都跟小璇商量过,征求过小璇的意见,所以小璇学起来都很开心,也很卖力,坚持得比较好。

解读:每个父母都希望孩子能听自己的话,健康快乐地成长。

然而,想要让孩子听话,并不是一件容易的事,需要父母具备一定的教育智慧。

其实,父母做决定前,先跟孩子进行协商,不失为一个让孩子听话的好办法。

父母遇事与孩子商量的最大好处在于:通过跟孩子商量,让孩子觉得父母是重视他的,他就会乐意听父母的话,并说出他的真实想法,父母就能更深入地走进孩子的内心世界,做出孩子乐意接受的正确决定。

相反,如果父母遇事不跟孩子商量,武断地替孩子做决定,要求孩子无条件地服从安排,对孩子颐指气使,那么很容易给孩子的心灵造成伤害,使孩子产生逆反心理，变得更加不听话。

　　人的天性都是渴望受人尊重、厌恶被人使唤的。孩子虽小，也是如此。没有哪个孩子真正喜欢一直受父母"摆布"。父母遇事跟孩子商量，会让孩子感觉到自己受到父母尊重，父母是爱他们的，他们在父母的心中是很重要的，从而放下心理上的戒备，愿意和父母沟通，这样孩子自然就会愿意听父母的话。

　　父母遇事与孩子商量，除了会让孩子愿意听父母的话外，至少还有以下几大作用：一是能够增强孩子的自信心。二是能够提高孩子独立思考的能力。三是能够增强孩子处理人际关系的能力。

　　在传统的家庭教育中，父母要求孩子凡事听家长的，殊不知，这会扼杀孩子的个性，不利于孩子健康成长。随着社会的进步和发展，现在的孩子已经变得越来越有想法和主见，不再对父母的意见唯命是从。因此，父母对孩子的教育也应该做到与时俱进。

　　父母应该放下权威的架子，遇事多与孩子商量，尤其是涉及孩子的事，做决定前，更要先听听孩子的想法，征求孩子的意见，让孩子参与到事件的决策中，只有这样，孩子才会更愿意听父母的话。

第八节
父母不说伤害孩子自尊的话

案例

　　小敏是小学四年级女生，内向、文静。平时学习认真，也比较自觉，

> 但就是学习成绩不太好，经常有功课考试不及格，尤其是数学，全家人都为小敏的学习操碎了心。
>
> 这不，一家人刚吃完晚饭，小敏妈妈就以最快的速度收拾完餐桌，然后急匆匆地领着小敏进书房，给小敏辅导功课。
>
> 刚开始，小敏妈妈还挺耐心，给小敏讲解数学题目的解题思路和方法，可是，当她讲了几遍后，发现小敏还是一头雾水不明白时，小敏妈妈的情绪就爆发了。
>
> "跟你讲了这么多遍，你怎么还是不懂？真是笨透了，我怎么就这么倒霉，生了你这么一个不争气的孩子，真是气死我了。"小敏妈妈突然这样对小敏大声吼了起来。
>
> 见妈妈对自己发那么大的脾气，小敏早吓得不知所措，茫然地坐在椅子上，呆呆地看着妈妈，眼泪夺眶而出。
>
> "就知道哭，哭有什么用，哭能帮你解题吗？不许哭，赶紧做作业去。"小敏妈妈余怒未消，粗暴地说了这番话。
>
> 骂完小敏后，小敏妈妈将小敏独自留在书房，自己气呼呼地离开了。

解读：每个父母都希望自己的孩子能够听话、懂事，学习成绩好。

然而现实情况是，每个孩子个性独特、天资迥异，家庭环境千差万别。

孩子听话与否、学习好坏，并不以父母或孩子的个人意志为转移。因此，父母应该正视现实，接纳孩子的个性差异，包容孩子的不完美。

父母是孩子最信任的人。孩子的心智还不成熟，具有很强的可塑性。在孩子成长过程中，他们很在意他人，尤其是父母对他们的评价，这些评价会对他们产生心理暗示，直接影响到他们对自己的"定位"。

每个父母都希望自己的孩子比别人聪明，将来能出人头地，想要实现这个心愿，最好、也是最有效的办法就是经常鼓励孩子，给孩子积极的心理暗示，千万不能像小敏妈妈那样口不择言，给孩子乱贴标签。

俗话说："良言一句三冬暖，恶语伤人六月寒。"孩子的内心是非常脆弱的，极易受到伤害。"笨蛋""蠢货""没出息"等等带有强烈消极心理暗示的词汇都是亲子教育中的禁忌语，应该绝对禁止使用。如果父母在孩子原本就充满挫败感、自卑感的时候，还说他"笨""蠢"，就会严重挫伤孩子的自尊心和自信心，严重影响孩子的学习热情和兴趣，甚至会使孩子从此一蹶不振，变成一个真正的"笨孩子"。

其实，只要孩子还面临着考试的压力，那么，每一次失败都会被放大。在遭遇失败的时候，他们所承受的压力是巨大的，甚至比对他们满怀期待的父母更伤心、更难过。此时，他们最需要的不是父母疾风骤雨式的批评和责骂，而是雪中送炭式的关心和鼓励。如果父母这时还对孩子说严重打击孩子自尊心和自信心的话，会严重损害亲子关系，让孩子产生逆反心理，变得更加不听话。

也许，在一些父母看来，对于孩子一些难以令自己满意的地方，采取批评、抱怨，甚至是打骂等方式，是最简单又最解气的。殊不知，父母这样做是解气了、舒服了，但孩子却受到了永久的伤害，还会严重恶化亲子关系，实在是得不偿失。

当父母准备发脾气、说伤害孩子自尊的话时，首先请做一下深呼吸，心中默默数数，让自己冷静下来。接着，父母应该学会管住自己的嘴，控制自己的情绪。最后，父母应该认真考虑一下发脾气会有什么后果，比如，发完脾气后，孩子可能会伤心、害怕，也可能自己会自责、后悔，还可能会损坏亲子关系等等。父母一旦想清楚这些后果，心中的怒气可能就会消退了，不想再对孩子发脾气了。

只有父母不说伤害孩子自尊的话，孩子才会更愿意听父母的话。

第九节
父母充满爱意地跟孩子说话

案例

> 小海今年7岁，上小学一年级，虽然有点调皮，但是却很听妈妈的话。
>
> 小海的妈妈是一位知书达理、性格温柔、说话和气的职业女性。在小海的印象中，妈妈每次跟自己说话时，总是面带笑容、充满浓浓的爱意，从没对自己发过脾气。即使自己调皮捣蛋或做错什么事情，妈妈都会耐心地跟自己讲道理，从不训斥自己，因此，母子关系十分融洽。
>
> 在小海眼里，妈妈是世界上最有爱、最好的妈妈，自己没有理由不听妈妈的话，让妈妈伤心、难过。

解读：爱是孩子成长的阳光和雨露，每一个孩子都渴望能够得到父母无尽的爱。父母充满爱意地跟孩子说话，孩子就会觉得父母是爱自己的，自己是受父母重视的，自己在父母的心目中是非常重要的，这样，孩子就会愿意听父母的话。

著名家庭教育专家孙云晓曾经说过："人之所以成为人，离不开真爱。世界之所以成为世界，依赖于真爱。教育的秘诀是真爱，真爱是衡量一个教育者是否合格的标准。"

既然爱在孩子的成长和教育中如此重要，那么，父母怎样才能做到充满爱意地跟孩子说话呢？

1. 父母应该尊重孩子的人格。尊重孩子是教育的核心理念，是家庭教育的首要原则。孩子不是父母的附属品，而是人格独立的个体，父母应该尊重孩子的人格、心灵和情感。遇事与孩子商量，与孩子平等相处，这样孩子就会觉得父母是尊重自己、爱自己的。

2. 父母应该学会倾听。倾听是有效沟通的前提和桥梁，是走进对方内心世界的阶梯和钥匙，是人际交往的技巧和艺术，体现了一个人的修养和品德。人际关系学大师戴尔·卡耐基曾经说过："当对方尚未言尽时，你说什么都无济于事。"父母专心倾听孩子说话，不仅能走进孩子内心，了解孩子的真实想法，为有效沟通奠定良好基础，更重要的是能让孩子感受到父母是尊重自己、重视自己、疼爱自己的，这样，孩子就会更愿意回应。

3. 父母应该接纳孩子的不完美，包容孩子的缺点。每个孩子都是独特的，都有优点和不足，都会犯这样或那样的错误，这是孩子成长过程中的正常现象。父母要接纳孩子的当下成长阶段表现出的不完美，包容孩子的错误。对待犯错的孩子，不能打骂、责罚，而应该心平气和地跟孩子沟通，耐心地帮孩子找犯错原因，有针对性地教育、引导孩子改正错误。

4. 父母应该耐心地跟孩子说话。对待孩子，父母一定要有耐心，不管在什么情况下，都不能表现出不耐烦，因为谁都不喜欢别人板着一张脸、面色沉重地对自己说话；更不喜欢别人面目狰狞、凶神恶煞似的训斥自己，这样会让人觉得不被重视，感到焦虑、紧张、压抑和恐惧。孩子更是如此。

父母很有耐心、面带笑容地跟孩子说话，会让孩子体会到父母的爱意，让孩子感到轻松、愉悦，从而把更多的精力放到专心听父母说话上。

5. 父母跟孩子说话时应该看着孩子。眼睛是心灵的窗户。父母跟孩子说话时，眼睛里流露出温柔、善意，孩子就会产生愉悦的反应，就会愿意听父母说话，喜欢跟父母交流互动。父母看着孩子说话，说明父母态度认真、专注，所说的话庄重、严谨，容易吸引孩子的注意力，使孩子能够专心聆听。

6. 父母应该用肢体语言让孩子感受到爱和温暖。肢体语言是人与人之间最重要的沟通方式，能产生语言所不具有的神奇力量。父母的一个眼神、一个拥抱、一次抚摸都能让孩子体会到一种不同的关爱，让孩子感到温暖。父母跟孩子说话时，要少一些生硬的空洞说教，多一些温暖的肢体语言，孩子就会用更大的惊喜来回报父母。

第十节
父母说孩子听得懂的话

> **案例**
>
> 小军 1 岁 10 个月。他家养了一只可爱的小狗。平时，小军喜欢用脚去踢小狗胖嘟嘟的肚子，每次小狗都会痛得汪汪直叫，看到小狗受惊吓后的表情，听到小狗痛苦的叫声，小军会显得特别兴奋，常常会又蹦又跳，不停地拍手。
>
> 每次看到小军用脚去踢小狗，妈妈都会严肃地劝告小军说："儿子，你这样踢狗狗很残忍，不可以这样。"尽管妈妈劝小军无数次，但小军却依然我行我素、毫无改观，让小军的妈妈感到很头痛。
>
> 小军妈妈担心随着小狗一天天长大，说不定哪天把狗惹毛了，狗会反咬小军，对小军的人身安全构成威胁。
>
> 为了尽快帮助小军改掉这个坏毛病，小军妈妈请教了很多人，也看了不少书，还查阅了相当多的资料。
>
> 功夫不负有心人。后来，小军妈妈还真找到了应对的策略。原来，通常情况下，孩子在 2 岁前是不能体会别人的感受的。也就是说妈妈的话对小军来说是很难明白的，因为他还无法理解"残忍"这个词是什么意思。而且，对于一个 2 岁左右的孩子，如果大人只跟他说这样做不行，而没教

第四章 父母怎么做或说，孩子才会更听话

给他该怎么做，孩子仍将继续他原来的行为。这就是妈妈劝了很多遍，小军仍然改不了坏毛病的真正原因。

　　明白这个道理后，小军妈妈再发现小军踢小狗时，就会耐心地对他说："儿子，小狗不是用来踢的。"然后，一边走近小狗，用手轻轻抚摸小狗，一边笑着告诉小军：这么做，小狗就会感到很舒服。并拿出家里的小皮球用脚踢给小军看，给小军做示范，告诉小军皮球才是用来踢的。慢慢地小军喜欢上踢皮球，不再去踢小狗了。

解读：语言是人类最重要的交际工具，具有表情达意、交流思想、消除误会、拉近距离、增进了解的作用。语言起作用的前提条件是各方能够听懂、理解。

　　孩子年龄小，缺乏生活经验，对语言的理解能力比较差。如果父母对孩子所说的话，超越了儿童的理解能力范围，他们就听不懂，无法理解父母说话的意思，父母的语言教导就无法起到应有的作用。

　　案例中，小军妈妈对小军说"踢小狗很残忍"，这句话中"残忍"两个字的含义，明显超出了小军的理解能力，所以，尽管小军妈妈反复劝告小军不要那样做，但小军依然故我。

　　因此，父母要想让孩子听话，不仅要对孩子说他们能够听得懂、能够理解的话，而且还应该多多示范。父母想让孩子怎么做，最好自己先身体力行，让孩子模仿学习，用正确的行为替代孩子的不当行为。

养育孩子，父母不能不知道的那些事

第十一节
父母经常夸奖孩子

> **案例**
>
> 小健今年6岁，精力充沛、活泼好动、调皮淘气，时不时会出一些"小状况"，比如喜欢搞点"小破坏"，或捉弄其他小朋友，诸如此类，不一而足。尽管父母和幼儿园老师一直教育他，可是，小健还是经常"故技重演"，大家一时也拿他没办法。
>
> 小健的父母心想，儿子很快就要上小学了，如果不能改掉这些坏毛病，可能会影响孩子在校的表现。于是，便去找了一位心理专家，寻求帮助。专家告诉小健的父母，要善于发现并夸奖孩子身上的闪光点，这样，孩子就会觉得自己是有价值的，从而增强孩子的自尊心和自信心，开始更加注重自己的形象，发挥优势，克服不足。可是，小健的父母苦想了半天，也没想出孩子身上有什么明显的闪光点。在专家的启发下，小健的妈妈终于想到，儿子很早就能自己穿衣穿鞋了，独立能力、动手能力比较强，问专家这算不算闪光点，专家给出了肯定答复。
>
> 回家后，小健妈妈迫不及待地按照专家所教的方法找儿子进行试验。
>
> "儿子，妈妈发现你特别聪明，很小就能自己穿衣服，自己吃饭，你们幼儿园的小朋友很多还不会吧？"
>
> 听妈妈说完后，小健突然眼睛一亮，连珠炮似的说出了一长串幼儿园同学的名字，眉飞色舞地说他们在幼儿园不会自己穿衣、吃饭，都需要老师帮忙。

说完后，一向很少得到父母夸奖的小健很是得意。

此后，只要小健有表现不错的地方，小健父母就及时表扬、夸奖他。渐渐地，小健的父母惊喜地发现儿子比以前听话，而且也不像以前那么淘气顽皮。

解读：每一个人都渴望得到肯定和夸奖，正处在自我意识形成过程中的孩子更是如此，孩子自我意识的形成主要依赖父母或老师对他们的评价。

正如著名教育家苏霍姆林斯基所说的："每个人的心灵深处都有一种根深蒂固的需要，这就是希望自己可以得到赞赏和喜爱，而在儿童的精神世界里，这种需要特别强烈。"孩子非常在意别人，特别是成人对他的评价和看法，他们的最大愿望就是能得到他人，特别是父母或老师的肯定和赞美。无可否认，适度的赞美、鼓励能激发起孩子的求知欲和上进心，促使孩子朝着良好的方向发展。

美国著名作家马尔科姆·戴尔科夫少年时，老师布置作业为小说《杀死一只知更鸟》续写一章，老师批改作业时，写了一句"写得不错，你将成为一个了不起的人。"正是老师这句赞美和激励的点评，增强了戴尔科夫的自信心，激起了他的创作欲望，使他最终成为一位著名作家。正如戴尔科夫自己所说："如果没有老师在我作业本上写下的那句话，就绝对不会有我后来的成就。"

无独有偶，戴尔·卡耐基也是因为继母的一句夸奖，成就了辉煌的人生。

卡耐基小时候曾经被人称为坏孩子。9岁那年，卡耐基有了继母。他父亲当着继母面，介绍说卡耐基是全郡最坏的男孩。没想到继母听后，竟十分慈爱地对着他笑，并对卡耐基的父亲说："不，他可不是全郡最坏的男孩，而是全郡最机灵和最具创造力的男孩，只是还没找到发泄热情的地方。"

正是继母这句鼓励的话，令卡耐基感到心里暖暖的，并消除了他对继母的偏见，与继母建立了深厚的感情。在卡耐基14岁那年，继母又送给他一部打字机，并对他说:"我相信你一定会成为一名作家。"继母的这句话再次深深地触动了卡耐基的心灵,使卡耐基迸发出了所有的智慧、热情、想象力和创造力,成就了他非凡的事业。

孩子的"听话"常常是被父母师长夸出来的。每个孩子都是独一无二的,都有优点和不足。父母应该善于发现,并及时肯定和夸奖孩子身上的闪光点,这样,孩子就能发现自身的价值,增强自尊心和自信心,激发孩子内在的潜能和向善、向上的进取心。

第十二节
父母对孩子的爱要有节制

案例

小强今年5岁,妈妈经常带他去逛超市,两人常常高高兴兴地出门,郁闷地回家。

每次进超市,小强都会缠着妈妈带他到食品区和玩具区去逛,并让妈妈给他买这买那。如果不给他买,就哭闹、耍赖。

小强妈妈经不起小强当众要挟,每次都在严厉责骂他一通,并警告说这是最后一次后,还是乖乖"就范"。

通过一次次"耍小聪明"达到自己的目的后,小强变得越来越任性。

解读:当前,虽然国家放开了二孩政策,就现状来看,在短期内,大多数家庭还只有一个孩子,这些孩子依然是家中的"小皇帝"。不少父母对于孩子提出的各种要求，不管合理与否，统统予以满足，哪怕是明显不合理的要求。他们误以为这么做是爱孩子的表现。

其实，"人心无度，欲壑难填。"这句俗语不仅适用于成人，没有社会经验的孩子也一样适用。如果父母一味无条件地满足孩子的各种要求，或孩子一哭闹，父母就迁就，就会后患无穷。首先，这样会极大地助长孩子的欲望，使孩子养成乱花钱和铺张浪费的不良习惯。其次，这会使孩子变成一个以自我为中心、自私自利、唯我独尊的人。再次，这会使孩子形成错误的认识，以为可以通过哭闹、耍赖方式来要挟父母，达到目的，进而养成任性、不讲理的坏习惯，偏离健康成长的轨道。

法国思想家卢梭曾经说过："你知道用什么方法一定可以使你的孩子成为不幸的人吗？这个方法就是百依百顺。"父母对孩子无节制的爱，是一种溺爱，会使孩子变得任性、自私自利、不知尊重、不体贴他人。

"没有规矩，不成方圆。"父母对孩子的爱要有节制。对孩子的不合理要求，尤其是明显用要挟手段提出的那些要求，父母要勇敢地说："不"，不能让孩子在家长的放任、妥协中率性而为。父母须通过界定明确的规矩，使孩子明白正确行为的界限。

只有父母对孩子的爱有节制，孩子才会更听话。

第五章

面对二孩，如何做称职的好父母

2016年1月1日，这是一个注定会载入史册的特殊日子——从这一天起，中国正式开始实施"普遍二孩"政策，这一政策利国利民，事关千家万户。

然而，消息虽好，但真正实行起来，还是有人欢喜有人忧。喜的是，许多想要两个孩子的父母终于可以放心生二孩，圆自己的美梦了，独生孩子有了同胞、有了玩伴，不会再像之前那样孤单寂寞了；忧的是，现在养育孩子的成本水涨船高，担心难以承受，尤其是对有了小宝之后，大宝、小宝能不能和睦相处，会不会出现手足相残的现象心中没底。毕竟现实中大宝不能接纳小宝，甚至欺负、伤害小宝的负面新闻在社会上时有耳闻，令想生二孩的父母心中有所顾忌。

人们的谨慎和顾虑可以理解，但因噎废食也不足取。只要父母事先做足功课，教育方法得当，处理好两个孩子的关系是完全可以做到的。

为了帮助家中有两个孩子的父母游刃有余地处理好孩子之间的关系，作者特地向已经生育孩子，特别是家有二孩的父母学习、请教，并且阅读养育二孩的相关书籍，查找网络上养育二孩的相关资料，结合自己养育孩子的经历和体会，为准备生育二孩的父母提供科学性、操作性强的实用攻略，希望对生育二孩父母能够有所启发和帮助。

第五章 面对二孩，如何做称职的好父母

第一节
生二孩前，父母应该
提前做好哪些心理准备

> **案例**
>
> **陈女士：**我今年 30 岁，剖宫产生下了儿子文文，现在文文已经 1 岁 3 个月了。
>
> 二孩政策放开后，我和老公商量再生一个宝宝。既然做出了决定，晚生不如早生，考虑到我的第一个孩子是剖宫产，现在我的年龄也 30 岁了，我和老公决定马上着手备孕。
>
> 可是，我又听家有两个孩子的妈妈说，养育一个孩子与养育两个孩子情况是完全不同的，妈妈经常会被两个孩子折腾得焦头烂额，父母最好事先有心理准备。否则，等到真的生了二孩，容易因为各种突发问题而措手不及。这样，对大人、孩子都不好。
>
> 请问生二孩前，父母应该做好哪些心理准备呢？

解读：生育两个孩子的好处是显而易见的：孩子有同胞、玩伴，可以一起玩耍，对保护和发展孩子的天性，帮助孩子建立良好的人际关系，促进孩子身心健康发展都是非常有利的。同时，将来两个孩子可以互相帮助，共同分担赡养父母的重任。

但是，的确如陈女士所说，养育一个孩子与养育两个孩子在时间、精力和体力等方面的投入是有很大差别的。

生二孩前，父母，尤其是母亲应该做好相应的心理准备。否则，突然需要面对时间、精力、体力等方面巨大的消耗，容易出现焦虑、烦躁、疲惫等心理问题，影响妈妈的身心健康和孩子的健康成长。

那么，父母生二孩前，应该做好哪些心理准备呢？

首先，父母要加强学习，提前储备养育两个孩子的相关知识。

养育孩子需要父母具备教育的智慧，尤其是养育两个及以上孩子的父母更需如此。孩子的成长是父母的"修行"，最好的父母是不断学习、努力提升自己的父母。因此，父母要通过向书本学习、向家有两个孩子的父母学习取经等方式，提前了解、掌握养育两个孩子过程中可能会遇到的问题及其应对方法，做到有备无患。

其次，父母，尤其是妈妈要对自己的身体状况有个预期。随着年龄的增长，人的身体机能会随之下降，女性生第二个孩子和生第一个孩子相比，身体机能状况是大不相同的。因此，妈妈生产第二胎后身体恢复的时间也会更长，体力、精力也会更差，容易出现精力不足、体力不支等诸多问题。这些都会影响到妈妈的心情和健康状况。

再次，父母对于养育两个孩子所要付出的艰辛要有心理预期。养育两个孩子的父母除了比只养育一个孩子的父母付出多一倍的精力、财力之外，还可能会面临两个孩子争宠、哭闹、同时生病等令人头痛的问题，常常会被搞得手足无措、应接不暇。父母只有提前做好心理准备，才能做到不被养育两个孩子的心理压力拖垮。

最后，父母要学会缓解压力、调节情绪。俗话说"有备无患"。养育两个孩子是一件"苦差事"，不仅会耗费父母大量的时间和精力，而且也会面临巨大的生活压力以及孩子争吵、哭闹所带来的烦恼，父母应该努力学习缓解压力、调节情绪的方法，增强自我心理调适能力。这样，才能保持自身的身心健康，促进孩子的健康成长。

第五章 面对二孩，如何做称职的好父母

第二节
生二孩，高龄夫妇
应注意哪些问题

案例

魏女士： 我和老公是大学同学，都42岁，我们的儿子涛涛已经14岁了。

国家出台"普遍二孩"的政策后，我跟老公都很纠结，想到儿子将来一个人要负担我们好几个人的养老，压力很大，就想再生一个孩子，以后，两个孩子可以相互帮衬，共同承担赡养老人的义务。但考虑到我们的年龄都已超过40岁，属高龄夫妇了，各种不确定的因素很多，生孩子的风险太大。我担心自己生孩子过程中的安全问题和孩子的健康。

请问高龄夫妇想生二孩应该注意哪些问题呢？

解答： 从医学上讲，女性35岁以上怀孕产子就属于高龄孕产妇了。研究表明：高龄夫妇产子，孩子患上唐氏综合征的概率比较高，风险比较大。患有唐氏综合征的孩子智力低下且难以治愈，这个问题应该引起高龄夫妇的足够重视。

像案例中魏女士这样想生二孩，又担心自己年龄大，怀孕产子风险高，纠结于生与不生这个问题的人确实不少。

那么，准备生二孩的高龄夫妇应该注意哪些问题呢？

1. 夫妇双方应该做一次全面的身体检查。 孕前体检是确保优生优育的重要条件，打算生二孩的夫妇，特别是与生第一个孩子的时间已经相隔超过10年以上的高龄夫妇，更有必要做一次孕前的全面体检，以便及早发现潜在的身体疾病，

161

以免盲目怀孕后造成母子危险。

2. 夫妇双方应该了解高龄孕产妇生二孩可能患病的风险和自身的身体状况。 科学研究表明：高龄孕产妇出现流产、早产的概率比较高。而且生二孩的高龄孕产妇还容易患上妊娠高血压、糖尿病等疾病，这两种妊娠疾病对母婴健康危害极大，应该引起足够的重视。

妊娠糖尿病是指妊娠 24 周后血糖超出诊断指标，所以，孕妇最好在妊娠 24～28 周时，去医院做一次"血糖筛查"，以便尽早检测出是否患有妊娠糖尿病，并采取相应的对策。

3. 夫妇双方应该设法降低"疤痕性子宫"对怀二胎的风险。 如果头胎剖宫产，母亲的子宫就属于疤痕性子宫了。怀二胎时，母亲患疤痕妊娠的风险比较大。

所谓疤痕妊娠就是指胚胎长在剖宫产之后子宫内膜留下的疤痕上。疤痕妊娠容易引起子宫破裂或无法控制的阴道大出血。据北京协和医院的数据显示，女性如果头胎是剖宫产的，二胎患疤痕妊娠的比例达到 15.2%。因此，头胎是剖宫产的母亲，怀孕前，应通过超声或其他影像技术，评估子宫疤痕的愈合情况，降低"疤痕性子宫"对怀二胎的风险。

通常，剖宫产之后 2～3 年，子宫切口疤痕处肌肉化程度最佳。因此，头胎是剖宫产的母亲，计划生二胎的时间，孕期最好在剖宫产手术两年后比较合适。

4. 高龄产妇要保持适度的运动量。 孕育孩子需要耗费母亲很大的体力和精力。随着年龄的增大，高龄产妇体力、精力都大不如前，计划生二孩的母亲，如果能在孕前、孕期注意保持适度的运动量，增强体质，储备体能，无论对生产还是养育孩子都非常有益。

5. 夫妇应有意识地补充叶酸，降低胎儿患神经管畸形等疾病。 研究表明：叶酸能够有效降低胎儿患神经管畸形等疾病的风险。所以，计划生二孩的夫妇，孕前双方都应口服适量的叶酸，以免胎儿出现神经系统发育异常，给孩子和整个家庭带来不幸。

第三节
同胞情深有妙招——
如何让大宝从内心接纳二宝

> **案例**
>
> **邱女士：** 今年我27岁，儿子欢欢10个月。
>
> "普遍二孩"政策放开后，我跟我老公都特别兴奋，一致决定尽快再生一个小宝宝，既可给欢欢做伴，让孩子快乐健康地成长，又能使孩子将来相互有个照应，分担责任。
>
> 我们的想法得到了双方父母的一致支持。可是，我们也有一丝小小的担忧，担心欢欢将来能不能接纳弟弟或妹妹。媒体上常有大宝欺负甚至伤害小宝的负面新闻，虽然概率很小，但万一遇上了，岂不崩溃？
>
> 现在，欢欢只有10个月大，即使我们告诉他，准备给他生个弟弟或妹妹，他也听不懂。
>
> 请问我们要怎么做，才能让作为大宝的欢欢将来能够更好地接纳小宝呢？

解答： 国家出台"普遍二孩"政策后，像邱女士这样想生二宝，又担心大宝能不能接纳小宝的父母还真不少。他们的这种担忧并非杞人忧天，毕竟大宝欺负小宝、甚至伤害小宝的事件时有发生，概率虽小，但一旦发生，将给整个家庭带来麻烦。常言道："人无远虑，必有近忧。"能提前谋划、防患于未然无疑是正确的。

那么，父母应该怎么做，才能引导大宝接纳小宝呢？

1. 父母应该主动征求大宝的意见，并明确地告诉大宝，有了小宝后，父母依然会疼他、爱他。 除非大宝年龄尚在三岁以下，没有足够的认知能力来判断父母提出的计划，否则，父母就应该在做出生二孩的决定时，主动征求大宝的意见，让大宝感受到父母是尊重自己的，这样，大宝就会尊重父母的决定，做好相应的心理准备。

同时，父母还应充分考虑到大宝最担心的安全感的问题。因为大宝很可能会担心家里有了小宝后，父母会忽略他。所以应明确告诉大宝：家里有了弟弟或妹妹后，爸妈依然会爱他、喜欢他。这样，大宝就容易从内心接纳弟弟或妹妹了。

2. 父母要根据大宝的年龄特点，灵活采取不同的办法，让大宝知道有了弟弟或妹妹，对他是有好处的。 对于年龄较小、还不会说话，无法用语言进行交流沟通的孩子，父母可以通过讲绘本故事等形式，告诉大宝爸妈准备再生一个弟弟或妹妹，给他做伴，陪他玩耍，让大宝知道生一个弟弟或妹妹对他是有好处的。不论孩子能不能听得懂，父母都应该经常这么做，时间久了，孩子自然就会明白。对于年龄较大、已经会说话、能用语言交流沟通的大宝，父母除了可以给他讲关于兄弟姐妹互帮互助、手足情深的故事外，还可以通过直接的主题式沟通交流告诉他，爸妈准备给他生一个弟弟或妹妹，以后爸妈忙的时候，就有弟弟或妹妹陪他玩耍，他就不会感到孤单寂寞了。同时，告诉他有了弟弟或妹妹后，他可以像老师那样教弟弟或妹妹做事，增强大宝的自我价值感。

3. 父母应该有意识地让大宝参与到妈妈孕育小宝和父母养育小宝的过程中来，赋予大宝责任感，增强大宝的价值感。 教育专家指出：孩子都具有很强的表现欲，喜欢展现自己的才干，体现自己的价值。一方面，怀孕期间，父母应该有意识地让大宝去亲近、抚摸妈妈肚子里的小宝，感受胎动，感知一个小生命是怎么在妈妈肚子里一点点长大的，并耐心地告诉大宝，妈妈怀他的时候，他在妈妈的肚子里也是这么淘气。同时引导大宝对妈妈肚子里的小宝说说话，这样能有效地拉近大宝与小宝之间的距离，让大宝带着好奇心、喜悦感接纳即将到来的弟弟或妹妹。另一方面，父母应该根据孩子天生喜欢表现的特点，给大宝提供展示自我的平台和机会，在抚养小宝的过程中，有意识地让大宝参与其中，给父母当"帮手"。比如，父母可以让大宝帮忙拿或递东西，或让大宝逗小宝等，这样不仅能有效增进大宝对小宝的情感，还能让大宝体会到做哥哥或姐姐的价值感、自豪感和责任感，找到做哥哥或姐姐的乐趣，大宝自然就会更乐意接纳小宝，主动去关心、照顾小宝。

4. **父母应该有意识地树立大宝在小宝心目中的"威信"，让小宝学会尊重大宝。** 每个人都希望自己能够受到别人的尊重，孩子也是如此。因此，父母应该有意识地树立大宝在小宝心目中的"威信"，让小宝学会尊重大宝。比如，父母应该有意识地教育大宝给小宝做好榜样，不失时机地在小宝面前赞扬大宝长处和优点，让小宝觉得大宝很厉害，佩服、尊重大宝。大宝受到小宝的尊重后，反过来就会爱护、照顾小宝，同胞间的关系就会越来越密切。

5. **父母应该用实际行动来增强大宝的安全感。** "有了小宝后，爸妈依然会爱他"这是父母在生小宝之前会对大宝许下的承诺。在抚养小宝的过程中，父母要用实际行动兑现自己曾经对大宝做出的承诺。首先，父母不应以照顾小宝忙不过来为由，把大宝送到爷爷或姥爷家去抚养，让大宝误以为家里有了小宝后，父母就不爱他，不要他了，因而记恨小宝，疏远与小宝的关系。其次，要尽量克服困难，把大宝放在自己身边抚养，多抽时间陪伴大宝，避免大宝产生太大的心理落差，让大宝切身体会到虽然爸妈有了小宝，但爸妈依然爱他、喜欢他。再次，父母在处理孩子纷争时，要尽量做到"一碗水端平"。孩子天生敏感，具有很强的比较心理。父母在处理孩子之间的纷争时，偏袒任何一方，都会让另一方心里产生不平衡，甚至怨恨，不利于孩子之间的关系。

6. **父母应该允许大宝有一个逐渐适应的过程，并在接纳、尊重两个孩子个性的基础上，教育、引导孩子建立友爱的同胞关系。** 大宝毕竟还是孩子，正处于自

165

我中心、线性思维时期，小宝出生后，父母不能操之过急，期待大宝马上就能接纳小宝，要允许大宝有一个心理逐渐适应的过程，只要父母平时能妥善处理好两个孩子之间的关系，随着时间的推移，两个孩子间的感情会逐渐加深，大宝终究会接纳小宝。同时，父母应该在接纳、尊重孩子个性的基础上，根据两个孩子不同的性格特点，教育、引导孩子相互尊重、相互理解、友好相处，建立友善的同胞关系。

第四节
大宝和小宝经常发生争执，父母应该怎么办

案例

刘女士： 我是两个孩子的妈妈，大儿子萧萧4岁，小儿子忠忠2岁，虽说是亲兄弟，但却常常因一些小事发生争执、冲突。比如，兄弟俩有时会为了争抢一件玩具，或一个座位而闹得不可开交。小的抢不过大的，就大声尖叫、哭闹，以此吸引父母的关注和介入。

遇到这种情况时，我们会赶紧跑过去劝大儿子萧萧说："你是哥哥，要让着弟弟。"萧萧偶尔也会听我们的劝说。但大多数时候，非得我们大声训斥后，他才会极不情愿地让着弟弟，并表现出很不开心的样子。

手心手背都是肉，萧萧和忠忠都是我们的孩子，看到萧萧不开心，其

第五章 面对二孩，如何做称职的好父母

实我们心里也不好受。

请问遇到家庭里两个孩子发生争执时，父母应该怎么做比较合适呢？

解答： 每个想生二孩的父母都憧憬着家里有了小宝后，两个孩子能相互关爱、和睦相处、共同成长。但实际情况往往复杂得多。

现实生活中，有两个孩子的父母经常会遇到像萧萧和忠忠那样为一些小事发生争执而头疼不已。

一旦遇到大宝、小宝发生争执，很多父母便没了主意，不知是否需要马上介入，应该如何介入等。那么，遇到这种情况，父母应该怎么做比较合适呢？

其实，对孩子来说，每次处理自己与他人发生的争执，都是一次学习、锻炼和提升能力的极好机会。对于孩子间的争执，首先，父母应该保持冷静，在一旁静静地观察，不要急于介入。其次，应该仔细观察，找出孩子发生争执的原因，为下一步是否介入孩子的争执提供依据（另外，父母还应当留意观察两个孩子在争执中所说的言语，所采用的解决争执的方式，这些重要细节都为父母介入解决争执提供帮助）。再次，当孩子无法自己解决问题或出现肢体冲突时，父母应该及时介入。

介入时，父母的态度和立场要公平公正、不偏不倚。而且，只能提供指导和帮助，而不是出面替孩子解决问题，切不可站在成人的角度，认为小宝小，大宝一定要让着小宝。千万不能对大宝说"你是哥哥，应该让着弟弟。"这么做对两个孩子都只有坏处，因为一方面，委屈了大宝。大宝正当利益被剥夺，会使大宝觉得在家没有地位，进而增加对小宝的厌烦，会憎恨小宝。另一方面，放任了小宝。小宝会误以为自己年龄小，享有特权，就会任性。并学会一点小事就尖叫、哭闹，利用父母的"权威"压制大宝，久而久之，两个孩子的关系只会越来越糟，甚至势如水火。

当孩子发生争吵时，父母不一定非得去改变孩子的行为，只要决定自己该怎么做，就可能收到意想不到的效果。比如，父母不妨对孩子说："如果你们再继续争吵，那我就要离开，等你们不再争吵了，我再回来。"有时父母这么一说，孩子的争吵很快就平息了。

第五节
大宝经常欺负小宝，父母应该怎么办

> **案例**
>
> **余女士：**我是两个孩子的妈妈。女儿佳佳5岁、儿子兵兵2岁。家有一对儿女在外人眼里肯定是一件非常幸福的事，但个中的酸甜苦辣也只有我们做父母的心里最清楚。
>
> 女儿佳佳从小比较活泼、顽皮，儿子兵兵刚出生时，佳佳也跟我们一样非常开心，喜欢去看一看、摸一摸、逗一逗弟弟，也许是有了兵兵后，我们对佳佳的关心、照顾比以前少了。也可能是她对弟弟的好奇和兴趣渐渐淡了，慢慢地，我们发现她对弟弟的态度有了一些变化，不再像刚开始那样喜欢弟弟了。更让我们感到意外的是，当兵兵会说话、走路，变得越来越可爱，越来越讨我们喜欢后，佳佳经常趁我们不注意欺负兵兵，比如，用大嗓门吓唬兵兵，用手指捏兵兵的手脚或者抢走兵兵正在玩的玩具等。

> 对于女儿我们劝也劝了、骂也骂了，甚至打也打了，但没有什么效果，更糟的是，佳佳变本加厉地欺负弟弟，这是我们始料不及的。请问，遇到大宝欺负小宝，父母应该怎么做呢？

解答：手足情深、同胞和睦肯定是父母所乐见的。然而，现实生活中，两个孩子的家庭出现像余女士遇到的情况并不鲜见。

要解决大宝欺负小宝的问题，首先必须弄清现象背后的深层次原因。小宝出生前，大宝是家中唯一的孩子，大人关注的焦点全部集中在大宝身上。小宝的到来改变了这一格局。面对家庭成员结构的变化，大宝感到不安，害怕失去父母的爱。通常，父母会把主要的时间和精力花在照料小宝身上，对大宝的关爱自然就比以前少了。这对以前集万千宠爱于一身的大宝来说，"突然失宠"所造成的心理刺激容易让大宝的安全感受到严重的威胁。再加上大宝心智还不成熟，很容易把产生这种变化的根源归结到小宝身上，认为是小宝夺走了父母对自己的爱，因而对小宝产生敌意。然而大宝终归是孩子，不擅于表达自己的情绪，自控能力又比较差，不像成人在面对威胁时，能够采取理性有节制的防卫方法，孩子往往只能采取进攻型自我防卫手段来应对，比如，频繁欺负小宝，引起父母的关注，期望以此重新"夺"回父母的爱。这才是大宝经常欺负小宝的深层次原因。

了解了真正原因，父母就可以有针对性地采取措施。

1. 父母应该明确告诉大宝任何情况下自己都是爱他的。 大宝欺负小宝，往往是因为大宝担心家里有了小宝后，父母就会不喜欢他，不要他。父母应该用大宝可以理解的方式，明确而坚定地告诉大宝，家里有了小宝后，父母依然会爱他，喜欢他。同时，父母应该践行自己对大宝的承诺，多关心大宝，多抽时间陪伴大宝，让大宝感受到父母说话是算数的。大宝就没有必要再欺负小宝来吸引父母的关注，跟小宝"争宠"。

2. **父母应该引导大宝用语言来表达自己的情绪。**大宝欺负小宝，往往是因为大宝还不懂得用语言来表达自己情绪。父母应该告诉大宝：如果不开心，可用语言表达出来，心情就会好起来，而不是用行动来表达心中的不满，伤害他人。

3. **父母应鼓励大宝帮助小宝，帮助大宝建立自我价值感。**通常，大宝都喜欢"当老大"的感觉，父母可以鼓励大宝为小宝做些力所能及的事，并及时夸奖大宝聪明、能干，鼓励大宝多帮助小宝。这样，有了价值感和自豪感的大宝就不会利用身体优势欺负小宝，反而会帮助父母照顾小宝，体现自我的价值。

4. **父母应该帮助孩子建立和睦相处的规则。**没有规矩，不成方圆。父母应该从小开始培养孩子的规则意识。比如，帮助孩子建立处理冲突的原则，告诉孩子发生冲突时，不可以进行言语和肢体攻击。当孩子违反规则时，要一视同仁，让大宝感觉到父母没有因为小宝年纪小而偏袒小宝。这样就能有效减少大宝欺负小宝的行为。

第六节
两个孩子总是争宠怎么办

> **案例**
>
> **黄女士：**我是两个孩子的妈妈。儿子跃跃4岁2个月，女儿妮妮1岁7个月。
>
> 家有一对可爱的宝贝是一件多么幸福的事。可是，有谁能知道这幸福的背后，隐藏着多少烦恼呢？

第五章 面对二孩，如何做称职的好父母

> 生活中，父母先帮谁洗脸、洗澡；谁坐在父母大腿的左边还是右边；父母陪谁的时间更长一点等在大人眼里微不足道的小事都可能成为两个孩子争执、哭闹的原因，我们常常被这些争执折磨得心力交瘁、疲惫不堪。
>
> 听人说，这是孩子在父母面前"争宠"的表现。作为父母，两个孩子都是自己的骨肉，我们不希望任何一个伤心、难过。但毕竟时间、精力有限，有时难免会顾此失彼，无法做到绝对的公平。
>
> 请问遇到孩子"争宠"时，父母应该怎么做呢？

解答：每个问题的产生都有其深层次的原因。父母要想更好地应对孩子"争宠"的情况，首先应该了解孩子"争宠"的真正原因，然后对症下药，才能起到药到病除的效果。

心理学家指出，通常孩子"争宠"主要原因是孩子的安全感受到了威胁，感到焦虑、不安，想通过"争宠"来赢得父母更多的爱。

孩子的思维异于成人，尚处于直观、线性的阶段。这直接影响到他们对爱的理解，局限在行为的层面上。也就是说如果父母没有对他表现温存亲密的行为，孩子就认为父母对自己的爱已经不存在了。比如，孩子会把父母批评他们，或没时间陪伴他们理解为父母不爱他们了。也会把父母先帮谁做事，或陪伴谁的时间更长一些理解为父母更爱谁。

孩子哭闹、"争宠"的根源找到了，解决问题自然就简单了。

1. 父母要理解孩子哭闹、"争宠"的行为。 孩子哭闹、"争宠"只是孩子担心父母不爱自己，想通过这种方式，吸引父母对自己的关注，赢得父母更多的爱，并不是想给父母"添乱"，父母应该用一颗包容的心，理解孩子。

2. 父母要明确告诉孩子父母是爱他的。 既然孩子想用哭闹、"争宠"的方式来验证父母是不是真的不爱自己，那么父母就应该明确告诉孩子，无论发生什么情况，父母都会无条件接纳他、爱他。另外，父母在表达爱时，应考虑孩子的认知水平，可以选用绘本故事、儿童戏剧等直观的方式来表达爱的概念。

3.父母要用行动让孩子深切地感受到父母对他的爱始终没有改变。父母除了用语言告诉孩子对他的爱没有改变外，还要用实际行动，比如，多关注他，多照顾他，多陪伴他，多跟他说话、做游戏等，让孩子感受到父母是言而有信、重视他、爱他的。

4.父母要尽量做到对两个孩子不偏不倚——"一碗水端平"。孩子是十分敏感的，他们会非常在意父母处理问题的立场和态度。父母偏袒任何一方，都会造成"全盘皆输"的结局。不管父母偏袒哪一方，都会让另一方产生父母不爱自己的想法，从而引发孩子的不当情绪和行为，不利孩子的身心健康，损害同胞的手足情谊。因此，父母在处理孩子的纷争时，要尽量做到公平公正、一视同仁。

第七节
有了小宝后，大宝出现行为退化和叛逆的现象，应该怎么办

案例

洪女士：我家女儿静静4岁多，儿子雷雷还不到3个月。

自从儿子雷雷出生后，女儿静静就开始出现一些行为退化的反常现象，比如，以前她可以自己吃饭的，现在却非要我们喂。不喂，就哭闹、不吃；再如，以前她可以自己刷牙、洗脸的，现在也都要我们帮助；以前她可以

第五章 面对二孩，如何做称职的好父母

> 自己一个人睡觉的，现在却要我们陪着她才能睡。另外，她还变得比以前更不听话了。
>
> 都说孩子越大越听话、越能干、越懂事，不知我女儿到底是怎么了？反而越大能力越差、越不听话，我们应该怎么办？

解答：小宝的到来，对于一个家庭，无疑是一件大喜事。但对于依然还是一个需要父母关爱、照顾的孩子来说，大宝们往往不会这么认为。

现在的大宝，在小宝出生之前，都是家人关爱呵护的唯一"焦点"。父母一天到晚都围着他团团转，导致很多孩子自我中心意识极度膨胀，唯我独尊。但小宝出生后，家庭成员的优先次序发生了变化：父母的心思都放在了照料小宝身上，对大宝的关心和照顾自然就比之前少，甚至有时忙起来都无暇顾及大宝。敏感、心智却尚未成熟的孩子，特别是那些被临时寄养在爷爷或姥爷家的大宝察觉到这些变化后，安全感受到严重威胁，变得紧张、焦虑。有的孩子不甘心被"边缘化"，会故意出现个案里描述的行为退化现象，其目的就是要吸引父母对他的关注，重新"夺"回父母对他的"爱"。

因此，父母应该认真检视小宝出生后，自己对待大宝的态度和方式：仔细想一想有了小宝后，自己是不是忽略大宝了？是不是给予大宝的关爱比以前明显减少了？

至于孩子变得不像以前那么听话了，这除了跟孩子想通过不听话的表现来引起父母的关注外，还跟这个时期孩子处于叛逆期有关，这是一种正常现象，说明孩子开始有主见，慢慢长大了，父母应该感到欣慰才是。

基于上述两个原因，父母应该在把主要时间和精力放在照料小宝的同时，尽量顾及大宝的感受，毕竟大宝还是孩子，同样需要父母的关照。父母应该尽量多抽时间陪大宝说话、讲故事和玩游戏。运用多种方式，重温小宝出生之前，父母和大宝的美好亲情。比如，经常跟大宝一起看他小时候爸妈无微不至照顾他的照片或视频，一起回味爸妈照顾、陪伴他成长的美好时光和温馨画面，大宝就会明白：爸妈还是像以前那样爱他，爸妈现在这么照顾小宝只是暂时的，自己小的时候也同样享受过爸妈的这种待遇，并不是小宝的"特权"，这样，大宝就能逐渐理解并接受小宝。

特别要提醒的是，有了小宝后，父母应尽量避免把学龄前，尤其是3岁以下的大宝送到爷爷或姥爷家去照看，应尽量把大宝留在身边，让老人到家来帮助照顾大宝。即使雇用保姆到家里帮忙照看大宝，也比直接把大宝送到爷爷或姥爷家里照顾要好。因为0~6岁，尤其是0~3岁的孩子特别需要父母的陪伴，父母应该克服困难，尽量为孩子的心理健康创造条件。

第八节
有了小宝后，如何发挥爸爸养育二孩的作用

案例

许女士：我是两个孩子的全职妈妈，女儿朵朵3岁多，儿子飞飞才4个多月。

我以前在私企上班，工作辛苦、工资却不高。生完朵朵后，我就辞职在家专心照料女儿。可能是我一直陪伴、照料朵朵的原因吧，女儿特别黏我。

第五章 面对二孩，如何做称职的好父母

> 儿子出生前，还不是什么大问题，可是现在有了儿子后，我有些受不了了。
>
> 有时，我累得不行，就叫老公帮忙陪女儿玩。可老公却常常以自己工作累或应酬多，可以让老人帮助照看女儿为由，很少抽时间陪女儿。
>
> 虽说照看孩子主要是母亲的事，但现在要让我一个人照看两个孩子，我也分身乏术，确实顾不过来。
>
> 请问怎么才能让老公参与到照料孩子的过程中来呢？

解答：的确，由于受到根深蒂固的"男耕女织""男主外、女主内"等传统观念的影响，在许多人心目中，似乎"妈妈在家带孩子，爸爸在外赚钱养家"是天经地义的事。认为赚钱养家是爸爸的责任，而带孩子则是妈妈的天职，跟爸爸关系不大。个案中林女士老公不愿意抽时间陪伴孩子，也许就是受到这种观念的影响。研究表明：父爱缺失已成为中国家庭教育的一个比较普遍的现象。

从心理学的角度看，3岁前，孩子通常会跟妈妈形成共生关系，把自己看作跟妈妈是一体的。所以孩子天生喜欢跟妈妈在一起。但这并不是说3岁前，照料孩子完全是母亲的事，跟父亲无关。事实上，父亲在孩子眼里代表着公正、力量和依靠，是权威的象征。相关调查研究显示：青少年网络成瘾、攻击行为和情绪障碍问题均与父爱的缺失有关。

父爱如山，父亲参与到养育孩子的过程中，对孩子的健康成长是非常有利的。父亲带孩子，至少会有以下几大好处。

第一，父亲参与养育孩子，有助于孩子的社会性发展。 通常，母亲更多的是影响孩子的情感，父亲则更多的是影响孩子的性格。在孩子人格发展过程中，父亲和母亲所施予的影响在侧重点上是不同的。相对于母亲的温柔与谨慎，父亲所承载的更偏向冒险与责任感。父亲应选择与孩子玩兴奋、冒险、刺激和多变的游戏，这样有利于增强孩子的胆识和气魄，提升孩子处理复杂人际关系的能力，使

孩子能更好地适应复杂的社会。

第二，父亲参与养育孩子，有助于孩子的智力发展。美国耶鲁大学一项最新研究成果表明，由男人带大的孩子智商更高，他们在学校会取得更好的成绩，在社会上更容易成功。通常，母亲会无微不至地照顾孩子，以至于替孩子做很多孩子力所能及的事；而父亲则更倾向于鼓励孩子自己动手、动脑做事。孩子的创造力、解决问题的能力就会得到很大的提高。

第三，父亲参与养育孩子，有助于孩子形成健康的性别意识。模仿是孩子重要的学习方式。父亲参与养育孩子，男孩可以更好地观察、模仿父亲的言行，有助于男性性格的养成。女孩可以从小接触、了解男性特质，分清男女差异，有助于养成女性气质。

第四，父亲参与养育孩子，能有效减轻母亲养育孩子的负担。父亲参与养育孩子，母亲就能有更多的精力照顾小宝，从而减轻母亲照顾俩孩的负担。同时，父亲抽出时间和精力陪伴大宝，可以有效避免家里有了小宝后，因照顾大宝的时间少了，让大宝产生父母不爱他、不要他的错误想法，有利于大宝身心健康。

既然父亲参与孩子养育对孩子的健康成长如此重要，那么，父亲应如何参与养育孩子过程呢？

1. 父亲要摒弃旧的思想观念，充分认识并发挥自己在育儿过程中的重要作用。父亲身上具有孩子所喜欢的力量感和冒险精神，女儿觉得新鲜，儿子则会模仿和学习。父亲要彻底摒弃"男人负责赚钱养家、女人负责照料孩子"的传统思想，充分认识到男人在养育孩子中的必要性和重要意义，主动、积极地参与到养育孩子的过程中来。

2. 父亲陪伴孩子时一定要有耐心。养育孩子费时费力，是一件"苦差事"。父亲赚钱养家压力大，在陪孩子做游戏或玩耍时可能没那么耐心。如果父亲在陪伴孩子时没耐心或发脾气，孩子容易误以为父亲不爱他、不喜欢他，因而缺乏安全感，变得焦虑、不安，影响孩子身心健康。因此，父亲一定要有耐心，主动放下"架子",与孩子做朋友,陪孩子多说话、做游戏,增进亲子关系。在有了小宝以后,父亲能够更好地陪伴大宝,减轻另一半照顾孩子的负担。

在这个过程中,妈妈也应该为爸爸介入养育孩子创造机会,甚至承担起桥梁的作用,多在孩子面前说父亲的"好话",树立父亲在孩子心目中的良好形象,使孩子乐意亲近父亲。

3. 父亲要为孩子做好榜样。 孩子具有很强的观察、模仿和学习能力,父亲参与孩子养育的过程中,应该时刻注意自己的言行,通过与孩子交流、互动,帮助孩子养成正直、善良、有担当的品格,提高孩子处理人际关系的能力,促进孩子健康成长。

第九节
大宝与小宝年龄差距较大时,父母需要注意些什么

案例

杨女士: 我今年 42 岁,老公比我大一岁。儿子壮壮今年 11 岁,上小学五年级。

以前,我们一家三口过着平静的生活,虽然平淡,但比较安稳,以为日子就这么一直过下去了。没想到国家突然出台了普遍二孩政策,看着身边不少同事都生了二孩,有的正在做准备。要不要生二孩,我和我老公都

> 有些纠结。
>
> 　　如果不生，将来儿子一人不仅要负责养育自己的子女，而且还要负责夫妻双方父母的养老问题，压力可想而知。如果再生一个的话，不仅能减轻儿子将来肩上的负担，而且两个孩子相互还有个照应，好处是显而易见的。
>
> 　　我跟我老公虽然都40多岁了，但我俩身体都还比较好，经济条件也较宽裕，生二孩的生理和经济条件都没什么问题。我们现在担心的是两个孩子年龄相差比较大，两人会存在"代沟"，影响孩子之间关系的建立和各自身心的发展。请问两个孩子年龄相差多大时，可能会存在"代沟"？父母在养育年龄差距较大的两个孩子时，应该注意哪些问题？

　　解答：心理学研究表明：如果两个孩子的年龄相差超过8岁，父母就应该注意年龄差异所带来的负面影响。因为超过8岁的年龄差距，意味着小宝还处在婴幼儿期时，大宝就已经进入少年期了。他们的生理发展特点和心理发展任务都不同。

　　由于独生子女政策已经实行了三四十年，很多家庭头胎所生的子女年龄都比较大了，因此普遍二孩政策放开后，很多家庭都会遇到像杨女士家出现的情况。

　　父母在养育年龄相差比较大的两个孩子时，应该着重做好以下工作。

　　首先，要根据两个孩子的年龄和心理特点，有针对性地给予他们各自成长所需要的爱。对于即将进入或已经进入"第二叛逆期"的大宝来说，他们已经具有较强的"成人感"，要求与成人在社会地位上平等，渴望社会给予他们成人式的信任和尊重，在精神生活方面摆脱成人、特别是父母的羁绊，有自己独立自主的决定权。他们需要的是沟通和自由，父母应该像朋友一样对待大宝，尊重和信任大宝，给予大宝一定的自由发展空间。而对于自我意识开始萌芽、对父母的情感依赖仍然比较强的小宝来说，父母则要尽量多陪伴、照料他们，理解、尊重他们的"长大感"，减少对他们的行为限制。

其次，要有意识地培养大宝的自我价值感。寻找自我价值感是大宝自我意识发展的重要任务，父母应该善于发现大宝身上的闪光点，有意培养大宝作为哥哥或姐姐的价值感和自豪感，引导大宝参与到照顾小宝的过程中来，比如，父母可以让大宝帮忙做一些力所能及照顾小宝的"小事"，实现大宝当哥哥或姐姐的价值，增强大宝当哥哥或姐姐的自豪感和责任感。这样，大宝就会乐意承担起自己的角色和责任，心甘情愿地当好小宝的"保护伞"，彰显自己在照顾小宝过程中的价值。

再次，要有意识地培养小宝对大宝的尊重意识。通常，年龄小的孩子都有崇拜和模仿年龄大的孩子的天性。父母应该经常有意识地在小宝面前讲讲大宝的优点和特长，树立大宝在小宝心目中的"威信"，让小宝从心里信赖大宝、尊重大宝，这样，受到小宝信赖和尊重的大宝就会从内心深处产生去照顾、保护小宝的想法，并主动承担起照顾、保护小宝的责任，既有利于增强大宝的责任意识，又有利于培养、增进大宝和小宝的感情。

第十节
隔代抚养对孩子的成长会有什么不利影响及父母应该注意的问题

案例

郭女士： 我家儿子强强 1 岁 5 个月大时，普遍二孩政策出台。为了让

> 强强能有个伴，也为了分担强强将来赡养我们的压力和负担，我跟老公商量决定：趁现在还年轻，赶紧再生一个小宝宝。
>
> 我老公跟他的父母也商量好了，等我们小宝出生后，就暂时把强强送到爷爷奶奶家去抚养一段时间。
>
> 可是听别人说，由爷爷奶奶隔代抚养孩子容易出现很多问题。请问这是真的吗？如果是真的，那到底对孩子的成长会有哪些不利的影响呢？父母在隔代抚养中应该注意哪些问题呢？

解答：从心理学的角度，0～3岁是孩子构建安全感的重要时期。这一时期，跟父母在一起最有利于孩子构建安全感。因此，孩子最好由父母亲自养育，尤其是在孩子3岁前更是如此。

然而，生育了二孩的家庭，由于父母的时间和精力有限，加上家庭生活压力增大，特别是妈妈休完产假上班后，很多会选择由爷爷奶奶或姥姥姥爷来家里帮助照看孩子，或者干脆把大宝直接送到爷爷或姥爷家抚养一段时间。这就涉及隔代抚养问题。

由于爷爷奶奶或姥姥姥爷的生理、心理、思想观念和成长经历等与爸爸妈妈有很大的差异，对孩子的养育方式难免会存在差异。通常，隔代抚养会对孩子产生以下不利影响：

第一，**从生理角度来看，隔代抚养不利于培养孩子的运动能力**。爷爷奶奶或姥姥姥爷已基本进入老年期阶段，生理机能衰退，体能下降，无法陪伴孩子进行充足的运动，会影响孩子运动能力的发展。

第二，**从心理角度来看，隔代抚养不利于培养孩子良好的性格和建立良好的人际关系**。爷爷奶奶或姥姥姥爷随着年龄的增长，思维和感知的方向逐步趋向内倾。潜移默化之中，天生具有很强模仿力的孩子容易养成保守拘谨的性格，不利于孩子建立良好的人际关系。

第三，从文化程度和思想观念来看，隔代抚养不利于孩子智力的开发。通常，爷爷奶奶或姥姥姥爷由于老年期生理和心理上的一系列变化，思想观念变得相对保守、刻板，再加上受到体力、精力限制，他们无法陪孩子玩一些刺激丰富的游戏和运动。同时，为了防止发生意外，他们还会严格限制或者禁止孩子从事一些冒险的探索行为，满足不了孩子的好奇心和求知欲，因而影响孩子智力的开发。

第四，从成长经历和教育理念来看，隔代抚养容易抹杀孩子的个性，扼杀孩子的冒险、探索和创新精神。通常，受文化背景和成长经历的影响，爷爷奶奶或姥姥姥爷教育理念相对落后于当前的时代，容易出现凭经验带孩子的现象，认为听话的孩子才是好孩子，希望孩子乖巧、听话、顺从，抹杀了孩子独特的个性。祖父母辈的家长一般倾向于严格禁止孩子出现捣乱、破坏、出格的行为，因此，隔代抚养容易扼杀了孩子的冒险、探索和创新精神。

由于受"隔代亲"观念或"补偿"心理的影响，爷爷奶奶或姥姥姥爷在帮忙抚养孩子时，容易失去原则，无条件满足孩子的所有要求，造成对孩子的溺爱，容易使孩子变得以自我为中心、骄纵、任性。同时，爷爷奶奶或姥姥姥爷还容易把自己当年对子女的"亏欠"补偿到孙辈身上，过度保护孩子，替孩子代劳，阻碍孩子独立能力的发展。

尽管隔代抚养容易出现各种不利孩子健康成长的问题，但并不是说隔代抚养就一无是处，至少，由爷爷奶奶或姥姥姥爷抚养的孩子比较听话、乖巧，安全意识也会比较强。

那么，父母需要孩子的爷爷奶奶或姥姥姥爷来帮忙照看孩子时，应该怎么做呢？

1. 父母应该带着感恩之心与老人进行沟通交流，形成教育孩子的共识。 夫妻俩应该明白爷爷奶奶或姥姥姥爷照看孙辈是出于对自己的体恤和对孙辈的疼爱。抚养孩子是父母应尽的责任义务，祖父辈只是协助，而不是义务。在老人帮忙照看孩子前，父母应该把自己教育孩子的原则和想法坦诚地告诉老人。然后，耐心、诚恳地征求、倾听老人的意见和想法，力争在原则性问题上达成一致意见，这样就可以有效避免产生不必要的摩擦，有利于家庭和谐及孩子的健康成长。

2. **父母应该理解、包容老人，以沟通、劝说的方式对待双方教养方式上的分歧。** 父母一旦发现老人抚养孩子的观念和方式跟自己不同时，应该掌握以下两个原则：对于原则性的分歧应该干预；而对于非原则性的分歧则应该接纳。原则性问题主要是指孩子的基本行为准则。父母在处理原则性分歧时，最好就具体问题跟老人进行沟通交流，尽量劝说、而不是强制老人改变。千万不能抱怨、指责老人，跟老人发生正面冲突。非原则性问题主要是指孩子具体的行为习惯。父母在处理非原则性分歧时，更多的应该是无条件地接纳。确实无法接纳时，可以与老人友好地交流、协商。也可以自己接手孩子的教育，尽量多抽时间陪伴孩子，与孩子建立更坚实、更紧密的亲子关系，淡化老人教养方式对孩子产生的影响。

3. **任何情况下，都不能在孩子面前跟老人发生直接的正面冲突。** 老人不辞辛劳帮忙照看孙辈，都是希望通过自己的付出，能减轻子女的压力和负担，帮助子女抚养好孩子。所以，不论老人在帮助抚养孩子过程中出现什么问题，父母都应该尊重、善待老人，不能在孩子面前跟老人发生直接冲突。这样，既能为孩子树立尊重长辈的榜样，有利于和谐家庭关系的构建；又可避免孩子出现紧张、恐惧的情绪，因为冲突给孩子带来的压力和不安全感对孩子的健康成长非常不利。

第六章

亲子育儿百科秒懂

"兵来将挡、水来土掩",教育孩子说难也难,说容易也容易,关键是要懂得科学的方法。

其实,教育孩子确实有一些非常管用的方法和技巧。本章特别为父母提供亲子教育中出现各种常见问题的"百科妙方"。父母只要用心学习,掌握其中的原则,就可以"秒懂"。如能在实践中大胆尝试,孩子身上出现的问题往往可以迎刃而解,家庭关系将会更加和谐。

一、父母如何培养孩子良好的阅读习惯

案例

> **童妈妈：**儿子今年10岁，上小学四年级。自上学起，儿子的作文就一直不好，现在试题里作文的分值越来越大，我担心孩子作文不好，会影响成绩，进而影响儿子的前途。听人说阅读对提高写作能力很有帮助。请问父母该怎样培养孩子良好的阅读习惯呢？

俗话说："熟读唐诗三百首，不会吟诗也会吟。"阅读的确对提高写作能力有非常大的帮助。阅读除了能丰富孩子的知识，拓宽孩子的视野，有效帮助孩子提高写作能力外，还能陶冶孩子的情操，缓解孩子的压力，让孩子喜欢上学习，并变得更加自律。

既然阅读的好处如此之多，对孩子的成长又如此重要，那么，怎样才能帮助孩子养成良好的阅读习惯呢：

1. 父母应该让孩子从小接触绘本，给孩子播下喜欢阅读的种子。现在的绘本制作精美，色彩艳丽，比较符合幼儿对鲜艳色彩感兴趣的特点和婴儿的审美情趣，容易吸引孩子，受到孩子青睐。而且阅读时，特有的氛围与翻阅的仪式感也会让孩子喜欢上阅读。父母要为孩子挑选适合的绘本，不用担心孩子年龄小看不懂；绘本权当玩具，让孩子随意玩耍、翻看，这样孩子就会慢慢对书籍产生兴趣，喜欢上图书，为孩子今后喜欢阅读播下种子。

2. 父母应该从朗读、讲故事入手，培养孩子的阅读习惯。孩子天生喜欢听故事，父母应该充分利用这一特点，培养孩子的阅读兴趣。当婴儿能够听懂一些简单的话语后，父母就应该给孩子讲一些有趣的童话、神话和寓言故事。每次讲完后，要明确告诉孩子这些有趣的故事都是从书上看来的，有意识地把孩子的注意

力和兴趣转移到书本上去，让孩子感觉图书就像宝藏，里面有很多生动、有趣、神奇的故事。同时，在孩子遇到问题向父母求助时，父母应有意识地引导孩子从书本中寻找答案，这样就能渐渐把孩子的兴趣和注意力吸引到图书上来，帮助孩子养成喜欢阅读的习惯。

3. 父母应该经常带孩子到书店或图书馆，让孩子尽早感受良好的文化氛围，激发他们对图书的热爱。孩子2岁后，父母应有意识地带孩子到书店或图书馆去，尽早感受良好的文化氛围。书店或图书馆里整洁、有序，书架上摆放的图书五颜六色，会对孩子产生强烈的视觉冲击，人们在书店或图书馆翻阅书刊的气氛等都会深深地吸引孩子。父母要不失时机地告诉孩子，那些漂亮的图书中不仅有很多有趣的故事，还有丰富的知识，阅读图书能使人变得更加聪明、智慧。这样孩子就容易喜欢上图书，并对阅读产生浓厚的兴趣。

4. 父母应该根据孩子的身心发展特点和个人喜好等，帮助孩子选择合适的图书。孩子在不同的发展阶段喜欢的图书类型和内容是不同的，应该根据孩子的身心发展特点和个人喜好，帮助孩子选择合适的图书。比如，孩子3岁前，父母应该为孩子挑选色彩鲜艳、形象逼真的动物或物品的图书；孩子3~6岁阶段，父母应该为孩子挑选童话、儿童文学类和生活教育类的图书。

5. 父母应该为孩子树立喜欢阅读的榜样。身教胜于言传，培养孩子阅读兴趣最简单、最有效的方法就是父母给孩子做榜样。通常，父母喜欢阅读，孩子也会在潜移默化中对阅读产生兴趣，慢慢养成喜欢阅读的习惯。

6. 父母应该保护好孩子的认字兴趣，让孩子爱上阅读。兴趣是最好的老师，父母应该从培养孩子认字入手，培养孩子的阅读习惯。比如，当父母看到孩子对简单的标记和文字符号感兴趣时，或者发现孩子喜欢自己翻看图书时，说明孩子对文字产生兴趣了，这时，父母应该发挥图书的作用，利用图书教孩子识字，以此来培养孩子对阅读的兴趣。

7. 父母应该为孩子创设良好的阅读环境。父母应该在条件允许的情况下，在家里布置一间小书房。同时，有意在家中孩子看得见、摸得着的地方摆放一些孩子喜欢的书籍，让孩子随时随地都能接触到图书。最好还能经常安排一定的亲子阅读时间，全家人一起阅读、交流，这样既能密切亲子关系，又能帮助孩子养成良好的阅读习惯。同时，父母还应转变观念，消除孩子看课外书就是"不务正业"、会影响学习的错误观念，鼓励孩子多看课外书，并为孩子看课外书创造条件。

此外，父母还应带孩子多参加户外活动或外出旅游，并且在活动或旅行中注意培养孩子的观察能力，增加孩子的见识，这样就能有效提高孩子的写作能力和语文成绩。

二、孩子厌学，父母应该怎么办

案例

余妈妈：儿子今年9岁，上小学三年级，上一、二年级时，儿子的成绩在班级属中上水平，学习也比较自觉。可是不知怎么回事，到了三年级，儿子的成绩却一下子掉到了全班倒数，整个人也变得很颓废，好几次苦着脸跟我说："妈妈，我不想去上学了。"刚听到他说这话时，我吓了一大跳。我问他："你不去上学，那想去做什么呢？"儿子回答说，他自己也不知道该干什么。请问孩子不想上学，应该怎么办？父母怎样才能让孩子爱上学习呢？

案例中，余妈妈的儿子显然产生了厌学情绪。对于厌学的孩子，父母要及早发现，并跟孩子一起查找原因，帮助孩子用积极的、正确的心态来对待学习，让孩子重新爱上学习。具体来说，父母应该做到以下几点：

1. 父母应该理解、接纳孩子的厌学情绪，并有针对性地引导和帮助孩子。苏联著名教育家苏姆林斯基曾经说过："儿童的心灵是敏感的，是为着接受一切美好的东西而敞开的。"孩子从出生起，就开始了对世界的探索之旅，对于孩子喜欢的东西，他们不仅会提出各种稀奇古怪的问题，还愿意花时间和精力去寻找答案，即使再苦再累也心甘情愿。因此，从本质上说，爱学习是孩子的天性。然而现在有很多孩子不爱学习，其背后一定是有原因的。

比如，学习成绩不好，对学习缺乏兴趣和动力，理解、接受能力比较差，学习方法不当等，都可能导致孩子厌学。父母应该理解并接纳孩子的厌学情绪，让孩子感觉到父母是理解他的，这样孩子的心灵就会得到慰藉，从而增强克服困难的勇气。在此基础上，父母再耐心地帮助孩子查找厌学的原因，并采取措施，有针对性地引导和帮助孩子走出厌学的怪圈。

2. 父母应该重视培养孩子的学习兴趣。 通常，厌学的孩子都有一个共性：学习成绩不太好，对学习没有兴趣，缺乏动力。越没有兴趣，就越不想学；越不想学，成绩就会越差；成绩越差，就越容易产生厌学情绪；如此恶性循环，严重的就会出现逃学、辍学的现象。因此，父母要重视培养孩子的学习兴趣。让孩子体验成功的喜悦是培养孩子学习兴趣最简单、最有效的办法。父母可以让孩子先做一些相对简单的习题，让孩子有成功的体验，增强孩子的自信心。然后，再逐渐加大难度，让孩子感觉到自己在进步。孩子取得进步时，父母应该及时给予夸奖和鼓励。同时，父母要善于发现孩子的兴趣爱好，并把孩子的兴趣引导到学习上。此外，父母还可以给孩子讲一些学以致用的故事，有意识地引导孩子把所学的知识与日常生活紧密结合，让孩子感受到学习对于做事、生活是很有用处的，这样多管齐下，就能慢慢培养起孩子对学习的兴趣。

3. 父母应该为孩子做爱学习的榜样。 我国著名教育家陶行知说过："以教人者教己。"也就是说包括父母在内的教育者要求在孩子身上形成的品质和良好习惯，首先自己应该具备。因为父母的一言一行、一举一动，孩子都看在眼里，记在心上，并会有意无意地模仿效法。通常父母爱学习，孩子往往也会喜欢学习。所以父母想要孩子爱上学习，首先自己要以身作则，爱学习，给孩子做好榜样。

4. 父母应该帮助孩子养成良好的阅读习惯。 阅读不仅能丰富知识、拓宽视野，使人变得更聪明、更有智慧，还能舒缓压力、陶冶情操，使人身心愉悦。研究表明，喜欢阅读的孩子，一般都比较喜欢学习，自控能力也会比较强，不容易犯错误。所以父母应该帮助孩子养成喜欢阅读的习惯。比如，父母自己带头阅读，经常带孩子进书店购书，到图书馆看书；在家里布置一间小书房，在家里比较显眼的地方摆放一些孩子喜欢看的书籍，让孩子想看书时随时都能接触到书籍，这些都是帮助孩子养成良好阅读习惯的举措。

5. 父母应该让孩子明白学习是自己分内的事。 很多父母不懂教育孩子的方式方法，只知道一味监督、催促孩子学习。父母对孩子学习的过度关注，很容易让心智尚不成熟的孩子误以为自己是为父母而学习，认识不到学习是他自己的事，觉得学习只有压力，没有动力。一旦遇到困难，就容易退缩，产生厌学情绪。父母只有让孩子认识到学习是他自己分内的事，才能增强孩子学习的自觉性，孩子才会有持续不断的学习动力。

6. 父母应该关注孩子的学习，而不仅限于成绩，不能给孩子施加不必要的心理压力。 孩子学习成绩好，老师表扬、同学羡慕，家长脸上有光，皆大欢喜。我经常观察到一种有趣的现象：在户外游戏时，大多数的孩子都是积极向上、不甘人后，喜欢展示自己"能干"的一面，再小的孩子也是如此。因此，可以推想，每个孩子都希望自己的学习成绩能比别人好。然而，想要学习成绩好，并不是一件简单的事，除跟孩子本人有关外，还涉及父母、老师等方方面面。

父母应该明白：孩子勤奋、努力的品质比一时的好成绩更重要，勤奋、努力的孩子将来会更有出息。孩子成绩不好，会比父母更难受，这时他们最需要的是父母的关心、安慰和鼓励，而不是批评、责骂和惩罚。父母的责骂、惩罚只会对孩子造成更大的心理伤害，让孩子更伤心、难过，焦虑不安。对孩子的学习于事无补。父母想要让孩子喜欢上学习，就应该关注孩子，而不是仅关注学习成绩，要调整好心态，不慕虚荣，不过分看重分数和排名，让孩子丢掉思想包袱，轻装上阵，孩子没有了不必要的压力，才能喜欢上学习。

三、如何才能帮助孩子改掉学习粗心的毛病

> **案例**
>
> **崔妈妈：**女儿今年8岁，上小学二年级。她性格外向，大大咧咧，学习总是很粗心，平时明明会做的题目，却经常出错，考试时也不例外，每次都会因粗心而丢分。
>
> 如果女儿不能改掉这种粗心的坏毛病，将来肯定会吃亏。请问父母怎样才能帮助孩子改掉学习粗心的毛病呢？
>
> 学习粗心可以说是很多孩子的通病。尤其是在小学低年级的孩子身上，会表现得更加明显。
>
> 孩子一旦养成了学习粗心的习惯，后果会很严重。轻者容易在做作业和考试时失分，重者会使孩子对学习失去信心。那么，父母该怎样帮助孩子改掉学习粗心的毛病呢？

1. **父母应该帮助孩子养成正确的学习方法。**很多孩子学习粗心跟方法不当有很大的关系，比如，没有养成做完习题后认真检查的习惯，认为只要做完习题就完事了。父母应该帮助孩子养成做完习题后，自己先认真检查，确认无误后，才算真正完成的习惯。这样就能有效避免孩子因粗心而出错，造成考试时不必要的失分。

2. **父母应该培养孩子的专注力。**很多孩子学习粗心，往往是因为做事不够专心所致。父母应该在培养孩子的专注力上多下功夫。孩子的专注力增强了，就能有效避免学习粗心。

3. **父母应该多表扬、鼓励孩子。**表扬、鼓励往往能够起到很好的激励作用。

当孩子克服粗心，做事变得专心、认真时，父母应该不失时机地多表扬、多鼓励，这样有助于孩子养成做事认真细致的习惯。

4. 父母应该合理安排孩子的作息时间。人的精力是有限的。如果父母把学习安排得太满，孩子得不到应有的休息，经常处于疲惫不堪的状态，精力就难以集中，容易出现学习粗心的现象。父母应该让孩子劳逸结合，让孩子有休闲、娱乐的时间。

5. 父母应该培养孩子的学习兴趣，帮助孩子打好基础。孩子对学习没兴趣，难以把心思和精力集中在学习上，就容易出现学习粗心的现象。

孩子学习基础不好，学习时就容易烦躁，静不下心，也容易出现粗心现象。考试时，学习基础较差的孩子更容易焦虑、紧张，无法安心应考，自然就容易出错。父母应该通过培养孩子的学习兴趣，帮助孩子打好基础，避免孩子出现粗心现象。

好奇心是促使兴趣产生的前提，孩子的兴趣是在探索世界和体验生活中产生并发展起来的。父母应该创造条件，让孩子多参加户外活动，接触世界，体验生活，激发和满足孩子的好奇心，以此来培养孩子的兴趣爱好，然后，再逐渐将孩子的兴趣爱好引导到学习上来。

6. 父母可以让孩子玩一些操练耐心的游戏，帮助孩子养成耐心的习惯。父母可以有意让孩子玩一些需要耐心的游戏。比如，慢慢往装满水的玻璃杯里放一枚枚的回形针，依靠水分子的张力使杯子里的水膨胀起来，但不会从杯口溢出，回形针却依然在水面上。还可以让孩子做一些从两幅相似的图画中找相同点或不同点的游戏。类似的游戏还有很多，父母可以依据孩子的情况选择。

四、孩子过分好动导致上课"坐不住",父母应该怎么办

> **案例**
>
> **董妈妈**:儿子今年7岁,上小学一年级,平时精力充沛、活泼好动。上学前,还没什么,只是比较耗费大人的精力、体力而已。可上学后,好动带来的问题马上就显现出来。比如,老师上课时,他会时不时从座位上站起来,做些"小动作",影响老师上课。老师提醒、批评,我们反复教育他,都没有效果,我们也很头疼。请问,孩子多动,上课坐不住,父母应该怎么办?

父母都希望孩子上课时,能够安静地坐着听老师讲课。但每个孩子的个性是不同的,有的安静,有的好动,这都是正常的。

很多父母一看到孩子活泼好动,就给孩子贴上"多动症"的标签,把好动与多动症画上等号。其实,孩子好动和多动症是有本质区别的,好动的孩子不一定都是多动症,多动症的孩子也不一定都好动。

多动症,又称注意力缺陷多动障碍或脑功能轻微失调综合征,是一种儿童行为异常疾病。这类孩子的智力正常或基本正常,但学习、行为及情绪方面有缺陷,主要表现为注意力不集中、活动过多、自控能力差、情绪易冲动、学习困难、成绩普遍较差、与人相处较难等等。

人们的常规思维是:多动症的孩子肯定好动。多动症的临床特征中的确有活动过度这一特点,但并不是所有多动症的孩子都好动。有一类以注意力缺陷为主要特征的多动症孩子在日常生活中反而表现得很"安静",并不好动,他们的主要问题是注意力难以集中。所以,父母不要把孩子的好动与多动症画等号。

对于孩子的好动,父母应该多了解孩子身心发展的特点,寻找孩子好动背后的真正原因,只有这样,才能正确应对。

1. **父母应该多鼓励孩子参加运动。**运动不仅能增强孩子的体质，使孩子更加阳光自信，而且还会消耗孩子的过剩体能，帮助孩子保持体内能量平衡。父母应该鼓励孩子多参加体育锻炼，如跑步、打球、踢球、爬山、游泳等，帮助好动的孩子安静一些。

2. **父母应该加强对孩子注意力的训练。**心理学专家认为：不轻易打断孩子正在做的事就是培养孩子注意力最简单、最有效的方法。培养孩子的兴趣爱好也是培养孩子注意力的好办法。孩子遇到自己感兴趣的事，都会专心致志，安静地做事，好动的孩子也是如此。因此，父母应该通过培养孩子的兴趣爱好来培养孩子的注意力。孩子的注意力提高了，就容易保持安静。多动症的孩子很容易受到外界干扰，所以爸妈要多些引导，培养孩子坚持做完手头的事，再去做下一件事的习惯，对改善孩子的症状也有很重要的作用。

3. **父母应该加强对孩子自制力的培养。**多动的孩子自制力比较差，父母要注重提高孩子的自我认知能力，鼓励孩子对自身行为进行评价，提高孩子判断是非的能力，增强孩子的自制力。父母还可以采取"延迟满足"的方法，来提高孩子的自制力。"延迟满足"是指甘愿为更有价值的长远结果而放弃即时满足的抉择取向，以及在等待期中展示自我控制能力。对孩子采取"延迟满足"的方法，能有效增强孩子的自制力。

4. **父母应该多赞扬、鼓励好动的孩子。**每个孩子都喜欢被表扬，好动的孩子在他们安静时，父母就应该及时赞扬、鼓励，父母给孩子的表扬越多，孩子就越会往安静的方向发展。

最后，需要提醒的是：如果发现孩子好动的程度严重影响到生活学习，建议到医院进行专业评估和排查，有异常倾向，越早诊断、治疗，效果越好。

五、如何培养孩子的记忆力

> **案例**
>
> **王妈妈：**儿子今年 4 岁多。我发现儿子记忆力不太好，比如，我给他讲故事，有时故事内容并不长，情节也不复杂，但我给他讲了好多次后，要求他把故事的内容复述给我听时，他还是常常会丢三落四。请问父母应该怎么帮助孩子提高记忆力？

记忆力是识记、保持、再认和重现客观事物所反映的内容和经验的能力。它是人类心智活动的一种，属于心理学和脑科学的范畴。

按记忆持续时间的长短，记忆力可分为短期记忆力、中期记忆力和长期记忆力。短期记忆力实质是大脑的即时生化反应，而中期和长期记忆力则是大脑细胞发生了结构改变，建立了固定联系。

记忆力跟先天条件有关，但主要靠后天的培养。那么，父母应该如何培养孩子的记忆力呢？

1. 父母应该通过督促孩子及时复习来增强记忆力。记忆的反面是遗忘，导致遗忘主要有两大原因：自然衰退和干扰。前者说明时间是决定记忆保存的主要因素，随着时间的推移会导致遗忘；后者说明后面进入记忆系统的信息会对前面进入记忆系统的信息进行干扰，使其强度减弱，导致遗忘。德国实验心理学家、对记忆与遗忘进行实验研究的创始人艾宾浩斯通过对遗忘的大量实验证实：遗忘的速率开始时很快，随着时间的推移，变得越来越慢，即遗忘的进程是先快后慢。这告诉我们，为了取得良好的记忆效果，应该做到及时复习。对于所学的东西在还没有遗忘或忘得较少时赶紧复习，就能收到事半功倍的效果。因此，父母应该通过督促孩子及时复习来增强记忆力。

2. 父母应该通过培养专注力来增强孩子的记忆力。孩子记不住东西，常常是因为注意力不够集中。父母可以通过培养孩子的专注力来增强孩子的记忆力。比如，父母对孩子说话只说一遍，之后让孩子复述自己讲话的内容，还有各种提高孩子自控力的活动，都是培养孩子专注力常用的有效方法。

3. 父母应该通过培养孩子的兴趣来增强孩子的记忆力。孩子记不住东西，也可能是对学习内容没有兴趣。兴趣犹如磁铁，会强烈地吸引孩子去学习和记忆，父母可以因势利导，有智慧地引导孩子。比如，根据孩子喜欢玩游戏、听故事、念儿歌等特点，将孩子所学的知识内容融入游戏、故事或儿歌中，寓教于乐，给孩子较强的情绪体验，增强孩子的记忆力。

4. 父母应该通过教会孩子科学的记忆方法和技巧来增强他们的记忆力。记忆需要科学的方法和技巧，孩子一旦了解、掌握和使用了科学的记忆方法，就能有效增强记忆力。比如，可以教孩子重复记忆法、联想记忆法、归类记忆法、歌谣记忆法、综合记忆法以及首字成句记忆法等。

5. 父母应该通过合理膳食来增强孩子的记忆力。孩子的生长发育离不开营养，如果营养缺乏，势必影响孩子身体器官和脑的发育，进而影响孩子包括记忆力在内的智力发展。父母应该经常给孩子吃一些健脑食物，如坚果类的核桃、杏仁和栗子等，蔬菜类的菠菜、苋菜和西兰花等，水果类的芦柑、橘子和橙子等，以及鱼、鸡蛋等，促进孩子身体发育、智力发展，增强孩子的记忆力。

六、如何培养孩子的意志力，让孩子变得坚强起来

> **案例**
>
> **江妈妈：** 女儿今年5岁，性格比较软弱，一遇到困难和挫折就退缩，还动不动就哭鼻子。我担心她意志这么薄弱，情绪又脆弱，将来会一事无成，想让她变得坚强起来。请问，对于性格比较软弱的孩子，如何培养他们的

意志力，让他们变得坚强起来呢？

现在的孩子，大多是在"温室"里长大的，普遍缺乏与困难和挫折抗争的意志，这在很大程度上是由他们成长的环境决定的。只要父母有意识地加以培养和引导，孩子就会慢慢地变得坚强起来。

1. **父母应该帮助孩子树立人生目标。**人生有了目标，就会有克服困难的勇气和不断进取的动力。孩子遇到困难和挫折容易退缩，往往跟孩子没有树立人生目标有关，缺乏拼搏进取的动力。父母应该根据孩子的特点，不断为孩子制订适合其不同年龄阶段的人生目标。有了目标的指引，孩子就不会一遇到困难就放弃，就会变得坚强起来。

2. **父母应该培养孩子的责任心。**责任心强的孩子，一般都比较勇敢、坚强。父母想让孩子变得坚强，应该在培养孩子的责任心上多下功夫。比如，教育孩子对自己的行为后果负责，就是比较常见又行之有效的方法。孩子的责任心强了，就不会一遇到困难就退缩、放弃。

3. **父母应该培养孩子的自信心。**孩子性格软弱往往跟他或她缺乏自信有关。父母应该有意识地培养孩子的自信心，比如，让孩子做一些擅长的事，体验成功的喜悦，这种体验越多，孩子就会越来越自信，变得坚强起来。

4. **父母应该为孩子做坚强的表率。**身教胜于言传，父母是孩子模仿的榜样，父母面对困难和挫折的态度和应对方法，会直接影响孩子。因此，父母在面对困难和挫折时乐观向上，用积极的心态去克服困难和挫折，为孩子做出榜样，孩子就能从父母身上学到正确应对困难和挫折的态度和方法，变得坚强起来。

5. **父母应该教育孩子学会坚持，鼓励他们做事要善始善终。**不经历风雨、无以见彩虹，失败与成功有时只有一步之遥，成功永远属于执着坚持、不轻言放弃的意志坚强者。父母应该多给孩子讲一些励志的故事，谈谈失败与成功的关系，教育孩子学会坚持，鼓励孩子做好每一件事，养成做事有始有终的良好习惯。

6. 父母应该给孩子提供磨炼意志力的机会，并及时予以鼓励。在日常生活中，父母应该积极为孩子提供磨炼意志力的机会，比如，鼓励孩子多参加一些有挑战性的活动，如登山、划船、过独木桥等，增强孩子克服困难的勇气。

七、孩子做事注意力不集中，父母应该怎么办

案例

杨妈妈：女儿4岁，我发现她做事很容易走神。例如，她正在画画，画着画着，突然听到外面有响声，就会停下来，把注意力从画画转移到外面去。

我担心她注意力不集中的问题会影响到以后的学习。请问孩子注意力不集中，父母应该怎么办？

注意力也称专注力，是指一个人能高度集中于某一件事情的能力，是一项非常重要的心理素质。它虽然跟每个人的个性有关，但同样需要后天的培养。心理学研究表明：0~6岁是培养孩子专注力的最佳时期。父母应该抓住这一宝贵时机，着力培养孩子的专注力。

下面向大家介绍几种简单易行、富有成效的培养专注力的方法。

1. 父母应该给孩子营造一个安静、舒适的环境。这是最自然也是最有效的方法。父母尽量给孩子创设一个清洁有序、安宁舒适、相对独立的空间，确保孩子在学习、活动时，不受外界的干扰。同时，孩子在专心做事时，父母不要轻易打断。

2. 父母应该给孩子做好专心做事的榜样。身教胜过言传，父母是孩子行为模仿的"参照物"，父母的一举一动都会被孩子看在眼里、记在心上，一有合适的

机会，就会进行模仿。因此，想要培养孩子的专注力，父母平时就应该做到专心致志、心无旁骛地做好每一件事，用实际行动给孩子做表率，以榜样的力量感染和带动孩子，提高孩子做事的专注力。

3. 父母应该让孩子在规定时间内每次只做一件事。 人的精力是有限的，注意力正在发展过程中的孩子更是如此。如果父母同时让孩子做好几件事，就容易分散孩子的注意力，时间久了，将导致孩子注意力难以集中。

在培养孩子专注力时，父母应该确保孩子的注意力都集中在父母说的话或自己所要做的事情上。父母在给孩子布置任务时，最好每次只对孩子说一遍。说话前，父母应该先喊一声孩子的名字，提醒孩子注意看着自己，告诉孩子："请注意听，这件事我只说一遍。"这样有助于孩子集中注意力。同时，父母应让孩子在规定时间内每次只完成一件事。当孩子分神时，父母应该用一些简明又不失尊重的提示让孩子集中注意力。比如，轻拍一下桌子或轻拍一下孩子的肩膀等。如果孩子能够专心做完一件事，父母就应该及时给予肯定、表扬，然后再鼓励孩子以同样的方式去完成其他的事，慢慢地，孩子就会养成专心做事的习惯。

4. 父母应该善于发现，并有意培养孩子的兴趣。 兴趣是学习和求知最大的动力。从出生起，孩子获得各种知识，掌握各种技能，靠的就是兴趣、好奇和求知欲。当孩子做自己喜欢的事情时，都会无比自觉、专注，乐于尝试、不怕困难和挫折，能够坚持到底。每个孩子都是独特的，都有闪光点，父母应该善于发现孩子的闪光点，让孩子做自己喜欢的事并不断体验成功的喜悦，以此来培养孩子的专注力。

5. 父母可以利用讲故事过程中的复述与问答等互动培养孩子的专注力。 孩子天生喜欢听故事，父母可以采用给孩子讲故事，充分利用复述、问答等"思维体操"来培养孩子的专注力。比如，先给孩子完整地讲述一遍故事，然后再让孩子复述故事内容并向孩子提出与故事相关的问题，让孩子回答。

6. 父母应该让孩子多参与运动，来提高孩子的专注力。 美国伊利诺伊大学的查尔斯·希尔曼教授认为，运动能够有效提高注意力。许多运动项目都要求参与者要有高度的专注力,父母应有意识地搜集这一类运动或游戏。比如,托乒乓球运动。这项运动的规则是:先让孩子把乒乓球放在球拍上,然后让孩子托着球拍上的乒乓球绕桌子转圈圈,要求不能让乒乓球从球拍上掉下来。实践证明这项运动对提高孩子的注意力成效显著。

7. 父母还可以采用玩游戏的方式,来培养孩子专注力。孩子天生喜欢玩游戏,因此,采用游戏方式培养孩子专注力,是最轻松、最有效,也是最符合孩子身心发展的方法。父母应该多陪孩子做游戏。比如,给孩子购买一些锻炼观察力、注意力、记忆力的书籍,并坚持陪孩子阅读这些书籍,然后按照书中介绍的方法,陪孩子玩拼图、搭积木、填色、找两幅图上的相同点和不同点等游戏,实践证明很有效果。

八、孩子做事拖沓,父母应该怎么办

案例

李妈妈: 儿子今年 7 岁,上小学一年级。儿子有个很不好的习惯,就是做事喜欢磨蹭、拖沓,别人只需半小时就能完成的作业,他偏要磨蹭老半天。尽管我们一直催促,但也没什么效果。请问遇到孩子做事磨蹭、拖沓,父母应该怎么办?

父母想要解决孩子做事磨蹭、拖沓的问题,首先,必须找到出现这一问题的原因。通常,下列几种情况容易导致孩子做事磨蹭、拖沓。

1. 由于缺乏锻炼的机会和生活的经验,不知道怎么去做事;或者理解、书写等能力比较差,导致学习效率比较低。

2. 对要做的事情缺乏兴趣,但迫于外界压力不得不去做,孩子往往会采用磨蹭、拖沓的方式来表达抗议。

3. 缺乏父母关注，想通过做事磨蹭、拖沓的方式，来吸引父母的关注。

4. 父母对孩子所要做的事过分关注，引起了孩子的逆反心理。

5. 与先天的性格有关。

6. 跟孩子的心智发展有关。孩子时间观念不强，做事经常是在探索中，他们往往注重过程，而不在意结果和效率。

7. 跟家庭环境有关。如果家庭环境太嘈杂，孩子无法安心学习，往往也会做事磨蹭、拖沓。

8. 跟孩子的身体状况有关。学习任务重、睡眠时间少，身体经常处于疲惫状态，学习效率就低，做事就容易磨蹭、拖沓。

父母要想解决孩子做事磨蹭、拖沓的问题，就应该做到：

1. 父母应该教会孩子正确的做事方法。 对于缺乏锻炼和经验而导致做事磨蹭、拖沓的，父母应该教会孩子正确的做事方法，给孩子提供学习、锻炼的机会，加强孩子能力的培养。同时，应该明确地告诉孩子，只要用心去做，即使失败了也没有关系，父母不会批评他。父母要鼓励孩子放心、大胆地去尝试，直至取得成功。

2. 父母应该帮助孩子培养兴趣，并跟孩子订立做事规则。 对于缺乏兴趣所导致做事磨蹭、拖沓的，父母除了应该帮助孩子培养兴趣外，还应该与孩子在协商的基础上，订立做事规则，明确完成任务的最后期限，告诉孩子必须在规定时间内完成任务。如果孩子在规定时间内完成了任务，父母就应该及时表扬、鼓励。如果是孩子的主观因素导致在规定时间内没有完成任务，父母最好运用"自然后果法则"，即让孩子体验自己行为的后果。比如，孩子不按时完成作业，上学时就可能受到老师批评，在那么多同学面前被老师点名批评，孩子肯定会觉得丢人，以后，做作业时自然就不敢再磨蹭、拖沓了。

3. 父母应该给予孩子必要的关注。 每个孩子都希望得到父母的关注。如果父母对孩子关注不够，容易让孩子产生父母不关心他、不爱他的错误想法，孩子就可能会采取做事磨蹭、拖沓的方式，来吸引父母的关注。

4. 父母要克服焦虑，不能轻易给孩子乱贴"做事磨蹭、拖沓"的标签。父母如果对孩子做事磨蹭、拖沓的问题很焦虑，对这个问题关注过度，就等于卷入了与孩子的"权力之争"，孩子容易产生逆反心理，用做事磨蹭、拖沓的方式来表示反抗。父母应克服焦虑，对孩子要有耐心，不要过度关注孩子所做的事，更不能给孩子乱贴标签，增加孩子的心理负担。只有父母相信孩子，孩子才能认真做事、提高效率。

5. 父母应该在尊重孩子个性的基础上，加以正确引导。对于因性格问题导致做事磨蹭、拖沓的，父母首先应该尊重孩子的个性，让孩子觉得父母是尊重他们的。在此基础上，再有意识地教育引导孩子做事要有前瞻性和"提前量"，耐心向孩子说明提前完成任务的好处和做事拖延的危害，帮助孩子养成做事不拖沓的良好习惯。

6. 父母应该尊重孩子身心发展的规律。孩子需要经历一个探索事物的过程，他们的时间观念也需要父母的培养。父母应该了解并尊重孩子身心发展的规律，有意识地培养和增强孩子的时间观念，比如，父母可以根据孩子的作业量限定孩子完成作业的时间，并结合必要的奖惩措施，教育、引导孩子从注重做事过程向注重做事结果和效率转变，逐渐减少和杜绝孩子做事磨蹭、拖沓的现象。

7. 父母应该给孩子营造一个安静的学习环境。孩子自制力比较差，容易受到外界环境的干扰而分心，如果家里太嘈杂，孩子就无法专心学习，导致做事效率下降。因此，父母应尽量给孩子创造一个安静的学习环境，使其能够静下心来做事，有效改善拖沓的现象。

8. 父母应该保证孩子睡眠充足。有张有弛、劳逸结合，才会有充足的体力和充沛的精力。父母不能把孩子的时间安排得太满，要让孩子有一定的休闲和休息时间，尤其要保证孩子的睡眠时间。只有休息好了，孩子才会有充足的体力和充沛的精力，学习效率才能提高。

九、孩子一看到妈妈要外出就哭闹，应该怎么办

> **案例**
>
> **郝妈妈：**儿子1岁2个月，从我休完产假开始上班起，每次看到我要出门去上班，都会哭得很伤心。以前，儿子看到我要出去，还只是哭，现在不但哭，还会抱着不让我出去。
>
> 我不忍心看儿子难过的样子，只好经常趁他不留意偷偷溜走，但这毕竟不是长久之计。请问遇到这种情况应该怎么办？
>
> 很多妈妈都会遇到像郝妈妈这样的情况：看到妈妈要出门办事，孩子却哭闹着不让走。
>
> 孩子是妈妈身上掉下来的心头肉，遇到这种事，做妈妈的心里肯定会难受，不忍心，但又不知如何是好。那么，妈妈遇到这种情况时，应该怎么办呢？

心理上，孩子3岁前跟妈妈是共生的关系。孩子会认为自己跟妈妈是一体的，和妈妈在一起是最安全的。所以，当妈妈要离开时，孩子会焦虑不安，产生害怕的情绪。看到妈妈要离开时，就容易出现哭闹的现象，这是该时期孩子的一种本能的正常反应，父母不必过于内疚、难过。

妈妈应该平静地告诉孩子："现在，妈妈有事需要出去，爷爷奶奶（或其他负责照料孩子的人）会在家里照顾你、陪你玩。妈妈不在时，你心里会伤心、难过，所以妈妈一办完事，就会马上回来陪你。"说完后，再从容、淡定地跟孩子道别，然后轻松、果断地离开，不能流露出伤心难过、依依不舍的感情。因为孩子是非常敏感、聪慧的，如果捕捉到妈妈离开时的伤心情绪，就会本能地用哭闹来"控制"妈妈，阻止妈妈离开。如果妈妈说完道别的话后，平静地离开，刚开始孩子也许会因不适应而哭闹，但一旦发现自己的哭闹依然不能阻止妈妈外出，

没有"效果"后，就会停止哭闹。这样，以后再看到妈妈要外出，孩子就不会轻易哭闹了。

其实，孩子看到妈妈外出而哭闹，主要是担心妈妈出去后就不回来了。当孩子知道妈妈外出办完事就会回来，并且果真如此，就会渐渐适应妈妈有事外出的这种情况。

妈妈不必躲着孩子出门，孩子看到妈妈外出会哭闹，是这个阶段孩子的正常情绪表达方式。孩子需要学习正确的情绪表达方式，伤心时哭一阵子就不会那么难过了，这是幼儿成长的一个过程，不会造成孩子的心理伤害。所以，妈妈有事要外出，完全可以先告诉孩子自己要外出的原因，再当着孩子的面平静地离开，让孩子伤心地哭几声没关系，不要趁孩子不留神偷偷地溜走。

通常，孩子的安全感越足，越容易接受跟妈妈的分离。而安全感主要来源于父母的亲密关系和父母对孩子的态度及陪伴孩子的质量。父母应该给孩子营造和谐温馨的家庭氛围：父母恩爱，态度和气，多抽时间陪伴孩子，以此来增强孩子的安全感。

当然，父母也可以采用跟孩子玩躲猫猫游戏的方式，让孩子慢慢适应妈妈不在自己视线范围的情形。比如，在游戏中妈妈先躲藏在一个不容易被发现的地方，让自己"消失"一会儿，然后再走出来，重新出现在孩子面前。每次做游戏时，妈妈应该有意识地适当延长在孩子面前"消失"的时间，让孩子慢慢适应妈妈"离开"的过程，为以后离开孩子出门办事做好铺垫。

此外，父母还可以通过转移孩子注意力的方式，减少或避免妈妈出门时孩子哭闹。比如，让其他人陪孩子玩游戏或讲故事等，吸引孩子注意力。孩子一旦有了自己喜欢的事，就不会把注意力放在担心妈妈外出这件事情上了。

十、孩子胆小、害羞，父母应该怎么办

> **案例**
>
> **刘妈妈**：儿子今年4岁，已经上幼儿园了，但他胆子特别小，连跟其他小朋友一起玩耍都不敢，大多数时间都是一个人静静地待着。
>
> 偶尔，我们带他到外面去玩，遇到熟人他也不敢主动打招呼；如果别人跟他打招呼，他就会赶紧躲到我们身后，黏在我们身边，不敢去跟其他小朋友一起玩。请问孩子胆子小、不合群，父母应该怎么办？

有的孩子活泼好动，有的孩子安静内敛，这都很正常，父母应该尊重、接纳孩子的不同个性。

孩子胆子太大，天不怕、地不怕，父母会觉得不安全；孩子胆子太小，喜欢待在家里，父母又会觉得孩子害羞、不合群，也不好。其中的分寸真的不好拿捏。

其实，孩子胆小、害羞是一种自我保护行为。如何改变孩子胆小的性格，是很多父母觉得困扰的问题。

孩子缺乏安全感、大人对孩子教养方式不当、隔代抚养、家规太严等都容易导致孩子变得胆小、害羞。想要解决孩子这个问题，父母应该做到如下几点：

1. 父母应该设法增强孩子的安全感。 缺乏安全感的孩子容易胆小、害羞，孩子的安全感主要来源于父母之间的关系和父母对待孩子的态度及陪伴，父母应该通过处理好夫妻之间的关系，控制好自己的情绪，对孩子采取温和的态度，多抽时间陪伴孩子等，来增进亲子关系，增强孩子的安全感。孩子的安全感强了，就不容易胆小、害羞。

2. 父母应该多跟帮助自己照看孩子的老人沟通、交流，共同分享育儿的新方法。 老人帮忙照看孩子，一般考虑安全问题会多一些，思想相对保守，对孩子的限制也相应较严，带孩子外出活动的机会也少。孩子跟外界接触少，锻炼的机会

少，独立性差，自然容易胆小、害羞。父母应该多跟老人沟通、交流育儿新方法，比如，对孩子不能溺爱，对孩子的行为不能限制过多，孩子自己能做的事要放手让孩子去做，要让孩子多接触外面的世界等。如果老人能欣然接受，那当然最好不过。万一老人接受不了，父母最明智的做法是自己多抽时间陪伴孩子、教育孩子，承担起应尽的责任。

3. 父母应该多给孩子创造跟其他小朋友接触、玩耍的机会或多带孩子参加户外运动。通常，跟外界接触多的孩子一般都比较活泼、放得开。为了锻炼孩子的胆识，父母应该多给孩子创造跟其他小朋友接触、玩耍的机会，可以先让孩子跟熟悉的小朋友交往。然后，再慢慢扩大孩子的交往圈。在新的环境或新的朋友圈，最好让孩子先留在自己身边，观看别的小朋友是怎么相处的，先熟悉情况，让孩子做好思想准备，等到孩子有信心了，再让孩子加入，一起玩耍。若孩子还没有做好思想准备，千万不要强迫孩子，否则孩子更容易胆怯。

此外，父母还应该多带孩子参加户外运动，运动不仅有利于孩子强健身体，而且有利于培养孩子的活泼性格，使孩子更自信、更阳光。

一旦孩子跟外界接触多了，对外界的环境熟悉了，自信心、安全感等增强了，孩子的胆量自然就会渐渐大起来。

4. 父母应该多在培养孩子自信心上下功夫。美国著名儿童心理学家克劳迪娅在《美国人的家庭教育——自信陪伴孩子成长》一书中写道："信心就像人的能力的催化剂，能够将人的一切能力都调动起来，将各部分的功能推到最佳状态。"通常，孩子胆小、害羞实际上是一种不自信的表现，父母应该有意识地采取措施来培养孩子的自信心。比如，父母可以多带孩子参加一些具有对抗性的运动，迎接挑战、增强自信；父母应该对孩子有信心，多给孩子创造条件和机会，鼓励孩子多参加集体活动，锻炼胆量和能力，体验与人交往的乐趣，这种体验越多，孩子就会越自信，减少对父母的过度依赖；父母还应该多给孩子讲名人克服困难、取得成绩的故事，激励孩子勇敢面对失败和挫折，增强孩子的自信心。

5. 父母应该改变对孩子的教养方式。 一些父母出于孩子的安全考虑，对孩子限制过于严格，这也不许孩子摸，那也不准孩子碰。有的父母经常用极端的个案来吓唬孩子，让孩子觉得外面的世界很恐怖，久而久之，孩子就变得胆小了。父母应该改变对孩子的教养方式，让孩子大胆地去探索外面的世界，孩子历练多了，能力强了，就会变得更自信，自然就不会胆小、害羞了。

6. 父母应该尊重幼儿身心发展的规律，允许孩子有心理适应的过程。 面对陌生的环境或新鲜的事物，不同的孩子会有不同的反应。胆大的孩子，很快就能融入其中，胆小的孩子，则需要一个适应的过程，他们最初的反应是小心翼翼地观察，看似站在一旁什么都没做，其实，这也是一种参与方式：先在脑子里"融入"，等到准备就绪后，再真正融入其中。

孩子是靠直觉来判断外部环境的。也就是说当他们感觉外部的环境不够安全时，自然会退缩到父母身边，这是人的天性使然，也是一种本能的自我保护行为。孩子是在用身体语言告诉父母：面对这个新的环境，我非常需要父母的支持。因为人一旦到了一个陌生、感觉不够安全的环境里，首先要做的应该就是保持安静、默默观察，等到环境熟悉了、感觉安全了，再渐渐放开，慢慢融入。俗话说"心急吃不了热豆腐"，父母应该给孩子熟悉陌生环境的时间，等到孩子对外面的环境熟悉了，就会慢慢大胆、活泼起来。

7. 父母不能给孩子乱贴"胆小害羞"的标签。 孩子年龄小，跟外界接触少，胆子小一点是正常的。随着孩子慢慢长大，这种现象会逐渐改善。父母不能把孩子的这种暂时表现看作是孩子的缺点，胡乱地给孩子贴标签，时不时在外人面前说孩子"胆小害羞"，给孩子很强的负面心理暗示，使孩子也认为自己胆小，以至于变得更加胆小、害羞。父母尊重并接纳孩子的个性，不给孩子乱贴各种标签，顺其自然，孩子胆量就会在不知不觉中大起来。

十一、如何让孩子学会分享

> **案例**
>
> **戴妈妈：**儿子 2 岁半，非常喜欢玩具汽车，所以我们一有机会就给他买各式各样的玩具汽车。尽管家里到处都是他的玩具汽车，可是当家里来了其他小朋友，让他把玩具汽车拿出来给其他小朋友玩时，他却从来不肯，弄得我们非常尴尬，不知现在的孩子为什么这么自私。请问怎样才能让孩子学会分享呢？

很多父母都会想当然地认为：孩子就应该跟他人分享玩具，否则就是自私。事实果真如此吗？答案是：未必！

父母应该知道，孩子刚生下来是没有"所有权"概念的。孩子在成长过程中，需要不断确定"这东西是我的"。只有在得到非常肯定的前提下，孩子才可能放心地把属于他的东西拿出来跟别人分享。否则孩子会因缺乏安全感，担心东西被他人拿走要不回来，而不敢或不愿意把玩具拿出来跟他人一起玩，这就是许多孩子不愿意跟他人分享玩具的原因。

对于一个不到 3 岁的孩子来说，往往还不能完全确定父母让他拿出来跟别人一起玩的玩具是不是属于他的，担心如果把玩具拿给别人玩，就要不回来了，所以父母不能用成人的观念来认定孩子的不分享行为就是自私。孩子不愿意把自己的东西拿出来跟他人分享，确切地说是"不敢"，而不是"不肯"。只能说明孩子还不能确定那个东西是属于他的，还没有做好与他人分享的思想准备。

父母应该从以下几个方面来培养孩子的分享意识。

1. 父母不能溺爱孩子，不能强化孩子的"自我中心"意识。美国的儿童教育专家指出：孩子吃"独食"，跟父母的溺爱密切相关。很多父母出于对孩子的爱，宁可自己省吃俭用，也要尽量满足孩子的要求，有时甚至是无理要求，这是对孩子的溺爱，对于孩子的成长有百害而无一利。溺爱在无形中助长了孩子的"自我中心"意识，容易使孩子变得自私自利，不愿意与人分享。所以，父母对孩子的爱要有度，不能溺爱，对孩子无理的要求，要大胆地说"不"，防止孩子养成过度的"自我中心"意识。同时，还要注重培养孩子的爱心，有爱心的孩子一般都比较乐意分享和奉献。

2. **父母对孩子的成长要有耐心，不能操之过急。**孩子的成长有其自身的内在规律，父母对孩子的成长要有耐心，不能拔苗助长、操之过急。父母应该理解、包容孩子暂时的"不分享"行为，孩子不愿分享他的东西，只能说明孩子还没有做好分享物品的思想准备，要允许孩子有一个心理逐渐成熟的过程，只要时机成熟，孩子的分享行为便是水到渠成的事。

3. **父母不可拿成人的思维去理解孩子的行为，轻易给孩子贴上"自私"的标签。**孩子的思维不同于大人，孩子不肯与他人分享东西，较大程度上与父母的教养方式和孩子尚未确立物品的所有权等有关，跟孩子的人品没有关系，父母不能一看到孩子不愿分享就轻易给孩子扣上"自私""小气"之类的帽子，否则，既容易伤害孩子，也容易使孩子在心理暗示的作用下，真的变得"自私"，永久不愿与人分享。

4. **父母应该给孩子创造分享的机会，让孩子明白分享不是失去，而是互利。**孩子之所以不愿与人分享，是因为孩子觉得分享就会失去。父母要给孩子创造分享的机会，比如，让孩子带上心爱的玩具，去跟其他小朋友交换玩具或一起玩耍，孩子看到别的小朋友玩自己的玩具很开心，玩完后玩具会重新回到自己手上，就能体验到分享的乐趣，明白分享是一种互利行为，不用担心会失去自己心爱的东西，孩子就会乐意与人分享。

5. **父母应该用言语鼓励孩子的分享行为。**父母如果想让孩子学会分享，就应该用语言明确地告诉孩子："这东西是你的"，让孩子先吃下一颗"定心丸"。然后，再对孩子说："你的东西，你有权决定要不要拿出来给别的小朋友玩。如果你愿意的话,那我们都会感到很高兴;如果你现在还不愿意,那也没关系,你自己做主。"说完,如果孩子乐意把玩具拿出来给别的小朋友玩了,父母就应及时给予肯定和夸奖;如果孩子还不乐意,那也只能接受,不要逼迫孩子。否则,"欲速则不达",父母越是勉强,孩子就会越不愿意。这一次孩子只是拒绝分享,下一次说不定就会故意把玩具藏起来,一门心思想着"怎么保护自己的东西"。

6. 父母应该及时表扬、鼓励孩子的分享行为。 每个人的内心都希望得到他人赞美,孩子更是如此。当孩子乐意与人分享他的东西时,父母应该及时肯定和夸奖孩子,满足孩子渴望得到赞美的心理需求。一旦孩子体验到了分享的乐趣,就会更加愿意跟人分享他的东西。

如果父母看到孩子不愿意分享,自己又想给别人一个比较有礼貌的解释,那么,只要简单地说"不好意思,孩子还没有准备好"就可以了,千万不要为了所谓的"面子"而去勉强、逼迫孩子做自己不乐意的事。

十二、孩子爱撒谎,父母应该怎么办

> **案例**
>
> **钟妈妈:** 儿子5岁,精力充沛,活泼好动,在幼儿园里,经常会因为调皮捣蛋被老师批评。可是,每次我到幼儿园接他回家,问他在幼儿园表现好不好,有没有被老师批评时,他总是骗我说没有。
>
> 然而,"纸终究是包不住火的",一次家长会后,老师特地把我留下来,向我"告状",说我儿子很顽皮,经常影响其他小朋友学习和休息,希望家长配合老师做孩子的思想工作,让孩子变得乖一点,不要再影响其他同学。
>
> 请问孩子总爱撒谎,父母应该怎么办?

撒谎是一种低自尊的表现，也是一种自我防御的行为。

孩子撒谎主要有以下原因：一是为了自我保护，担心说实话会被父母打骂。二是要面子、好虚名，想给父母留个好印象。害怕说实话会让父母伤心、失望。三是可能为了摆脱父母的控制。孩子想做自己喜欢的事，又担心父母不会同意，就容易对父母说谎。四是为了逃避现实。当孩子不想做某件事时，便会以头疼、肚子疼等借口来推托。五是孩子太小，头脑里还没有说谎的概念，无意中对父母说谎。比如，通常情况下，孩子做了一件事，在不能确定父母的态度之前，会条件反射似的说不是自己做的。因为，对于孩子来说，任何新鲜的事，在没有经验前，先否定是最安全的，这是孩子天生的自我保护意识。

诚实是人的立身之本。父母应该如何帮助孩子改掉说谎的毛病呢？

1. 父母应该给孩子做诚实的好榜样。 身教胜过言传，孩子具有很强的模仿能力，孩子会有意无意地模仿父母的行为，父母在孩子面前必须做到诚实守信，以身作则，为孩子做诚实的好榜样，这样孩子就不容易说谎。

2. 父母不能对孩子的说谎行为采取打骂等粗暴的应对方式。 父母应该明确告诉孩子：诚实是做人最高尚的品质，无论他们做了什么，哪怕是犯了错误，父母都会无条件地爱他们、接纳他们。这样，孩子就不会害怕因为表现不好或做错事，对父母说真话而受责罚。当孩子敞开心扉说实话时，父母应该及时肯定孩子的勇气和诚实，满怀感激地对孩子说："谢谢你对我说了实话！"最好能给孩子一个温暖的拥抱。然后，平静、耐心地跟孩子一起寻找解决问题的方法，帮助孩子改正错误。

3. 父母应该教育、引导孩子做一个诚实的孩子。 父母应该明确告诉孩子：无论他们表现如何，在父母心目中都是最棒的，关键是要做一个诚实的孩子，父母不会因为他们偶尔表现不理想或犯错而贬低他们，这样，孩子就没有必要通过说谎来讨好父母。

4. 父母在心理上不能控制孩子。 父母应该信任孩子，给孩子一定的自由发展空间，让孩子能够做喜欢做的事，成为他自己。父母不试图去控制孩子，孩子就没有说谎的必要，自然就不会说谎了。

5. 父母不能轻易给孩子扣上"喜欢说谎"的帽子。有时，孩子说谎是无意识的，父母不能以成人的思维来看待，要对孩子进行正确的引导，不能轻易给孩子贴"喜欢说谎"的标签，否则，随着孩子慢慢长大，在心理暗示的作用下，就有可能变成一个"爱说谎"的人。

十三、孩子不乖乖吃饭，父母应该怎么办

案例

蔡妈妈：儿子今年3岁。由于担心他自己吃，吃不饱，影响身高和智力，我们从小就喂他，一喂就是3年。

3年来，我们在孩子吃饭的事情上伤透了脑筋。每次喂饭，他总是满屋子乱跑，一会儿吵着要看电视，一会儿又吵着要玩玩具，一顿饭常常要花一个小时。

现在，孩子就要上幼儿园了，我们很担心他入园后难以适应幼儿园的生活。请问，孩子不乖乖吃饭，父母应该怎么办？

吃原本是人的一种本能。刚生下来的孩子还没睁开眼，饿了就懂得找妈妈的乳头吸奶。所以，吃饭是最不应该成为孩子的一个问题的。可现实情况是，很多父母都在为孩子不好好吃饭发愁。那么，问题到底出在哪里呢？

首先，孩子吃饭成问题，跟父母过度关注有关。孩子每餐吃什么、吃多少，都是父母关注的焦点。食物必须营养丰富，至于是不是孩子喜欢吃的，很多父母却根本不关心。每餐孩子吃少了肯定不行，父母强行喂食，孩子不想吃、吃不下了也得吃。这样吃饭对孩子来说竟然成为一种负担，是一件很恐怖的事，孩子还能乖乖吃饭吗？而且孩子发现不乖乖吃饭还能引起父母的关注，可以以此来控制

父母，重视自己，孩子就更不愿乖乖吃饭了。

其次，孩子吃饭成问题，跟父母对待孩子的态度有关。一些父母担心孩子自己吃会把饭菜弄得到处都是，嫌收拾烂摊子麻烦，所以干脆自己一喂了事。孩子到了想自己动手吃饭的敏感期，对吃饭感兴趣了，很多父母却全然不顾，不给孩子锻炼机会，白白错过宝贵的发展敏感期，导致孩子失去自己动手吃饭的能力，也让孩子对吃饭失去了兴趣，孩子就不会乖乖吃饭。

再次，孩子吃饭成问题，跟孩子的心智发展有关。孩子的认知不同于大人，他们没有太强的时间观念，他们天生好奇、喜欢探索，注重事情的过程而不是结果，一些孩子不乖乖吃饭，除了他们动作能力比较弱外，还跟他们对待吃饭的态度有关。孩子往往把吃饭当作是探索事物的过程，慢慢体验、细细品味，因此吃一餐饭要花费很长时间。

父母想让孩子乖乖吃饭，就应该做到以下几点：

1. 父母不能过度关注孩子吃饭的问题。 孩子想吃什么、想吃多少，那是孩子的事，父母应该保持平常心，不能强迫孩子。父母强迫孩子多吃饭，轻者会引起孩子反感，重者会损坏孩子胃肠功能，引起孩子厌食。现在生活条件好了，一般情况下，都不存在孩子营养不良的问题。从科学的角度来看，每餐饭吃七八分饱是最有利于身体健康的。

2. 父母应该帮助孩子养成良好的饮食习惯。 首先，父母要给孩子相对固定的时间、地点进餐，养成按时吃饭的习惯。其次，父母要给孩子做好榜样。吃饭时不玩手机、不看电视、少讲话，不做分散注意力的事。再次，父母要给孩子营造良好的进餐环境。进餐环境会影响人的食欲，如果家中总是在吃饭时说一些事情，往往容易分散孩子注意力。父母切忌在吃饭时间批评、教育孩子，父母的"唠叨"会严重影响孩子的食欲。

3. 父母应该鼓励孩子自己吃饭，适时放手，锻炼孩子的能力。 在这一点上，很多父母存在困惑：到底宝宝多大时，可以学习自己吃饭？基本的原则是：父母在给孩子喂食时，如果孩子经常出现伸手要抓握餐具，就说明到了想自己吃饭的敏感期，孩子想要尝试自己吃饭了。这时，父母应该放手，让孩子锻炼用勺舀饭、扶碗、送饭入嘴等这些动作，虽然刚开始可能会搞得一团糟，但这是孩子成长过程中的必经之路，何况地板弄脏了可以打扫、清洗，比起培养孩子终身受用的能力，这些又算得了什么呢？

4. 父母应该了解孩子身心发展的规律，**允许孩子有一个成长过程**。孩子心智发展不成熟，容易把吃饭当作探索事物的过程，父母对此应该理解并包容，不能焦虑、催促，更不能责骂、惩罚孩子，只要加以正确引导，孩子就会乖乖吃饭。

5. 父母应该尽量少给孩子吃零食。**无规律的饮食会影响胃肠功能**。父母如果经常给孩子吃零食，就容易扰乱孩子的饮食规律，影响孩子正餐的食欲。因此，正餐之外，父母要尽量少给或不给孩子吃零食。

6. 父母应该鼓励孩子多运动。运动有助于消化、提振食欲，父母要鼓励孩子多参加运动。同时，还要保证孩子有充足的睡眠。此外，父母最好在食物的烹煮上多花些心思，增强食物的色香味，这些都能有效增强孩子的食欲。

7. 父母应该运用自然后果法。如果孩子不乖乖吃饭，父母就应该运用自然后果法教育原则，告诉孩子必须在某个时间前吃完饭，否则父母就要收拾餐桌，只能等到下一个用餐时间点，才能再吃东西，让孩子知道不乖乖吃饭、肚子饿不舒服的后果，只要父母坚持原则，慢慢地孩子就会乖乖吃饭了。

十四、孩子爱发脾气，父母应该怎么办

案例

柴妈妈：女儿今年还不到 3 岁，别看她年纪小，稍不如意，就会发脾气，一副不达目的誓不罢休的样子。每次都是我们先妥协，她才会消停。

> 我知道这样下去肯定不行,得想办法让她尽快改掉这坏脾气,但又想不出什么妙招。请问,孩子爱发脾气,父母应该怎么办?

通常,孩子爱发脾气主要有以下几种原因:(1)跟孩子的大脑结构、性格特点有关,有的孩子天生属于爱发脾气的类型;(2)跟孩子可能累积了太多的负面情绪有关,需要发泄情绪,但又不懂正确方法,便选择发脾气;(3)跟孩子的成长环境有关,父母动辄喜欢发脾气,潜移默化,孩子也容易发脾气;(4)跟大人尤其是父母的教养方式有关,是被父母娇惯出来的。父母的无条件迁就,让孩子选择发脾气来"控制"父母,达到自己的目的。

父母想让孩子少发或不发脾气,就应该做到以下几点:

1. 父母应该教会孩子正确释放情绪的方法。 孩子有负面情绪是正常现象,父母应该告诉孩子有情绪是正常的,应该采取正确的方法去排解。比如,可以找个人"倾诉"一下,或者用画画的方式把生气的样子画出来,或者找个地方让自己痛快地大哭一场,或者把注意力转移到感兴趣的事情上去,这些都是排解情绪的好办法。只要孩子学会了正确的情绪排解方法,就不会轻易发脾气了。

2. 父母应该给孩子做不乱发脾气的好榜样。 父母是孩子学习、模仿的"参照物",如果父母遇到不顺心的事,就发脾气,会给孩子带来非常不好的影响。当孩子遇到不如意的事,就会学父母的样发脾气。父母应该加强自身修养,学会排解负面情绪的正确方法,这样,孩子就会从父母身上学到正确的情绪排解方法,做到少发或不发脾气。

3. 对于孩子乱发脾气,父母应该采取"冷处理"方式,不能惯着孩子,满足其无理的要求,助长孩子的任性。 "惯子如杀子",如果孩子提出无理的要求后,父母没有及时满足,孩子就大发脾气,父母为了息事宁人而无原则地迁就孩子,那么,父母就相当于在纵容和娇惯孩子,孩子找到了父母的"软肋",并以此来控制、要挟父母，达到自己目的。下次，遇到类似的情况，孩子就会得寸进尺，采取发脾气的方式来控制父母，满足自己的无理要求。因此，父母遇到孩子无理取闹、乱发脾气的情况时，应该采取"冷处理"的方式，平静地离开，只要父母一离开，就好比演员没有了观众，孩子很快就会停止发脾气。父母在孩子发脾气时，不要去跟孩子讲道理，应等孩子安静下来后再说，这样才能真正达到教育孩子的目的。

十五、如何给孩子立规矩

> **案例**
>
> **汪妈妈：**儿子今年2岁半，因为他特别喜欢玩具，所以我们给他买了很多。
>
> 让我们头疼的是，儿子每次玩完玩具后，自己不收拾，经常弄得一片狼藉。虽然，我们不厌其烦地提醒他：玩完玩具后，要记得把玩具收起来，但儿子还是依然故我。
>
> 听说，2岁多的孩子可以通过给他立规矩的方式，让他自己收拾玩具，请问我们该如何给他立规矩呢？

心理学博士约翰·弗里尔指出："孩子需要而且渴望规矩。"规矩能够对孩子起到很好的约束作用，让孩子明白底线，知道什么能做，什么不能做。

如果父母要求孩子行为得体，首先应该让孩子明白哪些行为是父母能够接受的，哪些行为是父母不能接受的，为孩子设定好界限。

2岁多的孩子是可以通过给他立规矩的方式来规范行为的。比如，父母可以跟孩子约定，玩完玩具要自己收拾，否则就取消他的一些权利。如取消他当天看动画片的权利，或者取消他第二天玩玩具的权利等。如果孩子遵守得好，父母应该及时表扬、鼓励，正面强化孩子自己收拾玩具的行为，这样，孩子慢慢就会养成好习惯。

父母给孩子立规矩，应该做到以下几点：

1. **父母应该先听听孩子的声音，再跟孩子商定规矩的具体内容**。孩子年纪小，心智发育不成熟，难以判断自己言行的好坏，父母给孩子立规矩，就是为了给孩子的言行设定一个界限，让孩子能够沿着正确的方向发展。这是父母管教孩子最基本的内容之一。

规矩立好后，需要孩子去遵守。如果孩子对父母所立的规矩不认同，那他就不会自觉地去遵守，规矩也就失去了意义。所以，父母给孩子立规矩时，应该让孩子参与进来，先听听孩子的心声，征得孩子的认可，然后，再跟孩子商定规矩的具体的内容，而不是父母一厢情愿，单方面给孩子立规矩，强行让孩子去遵守。

2. **父母应该使所订立规矩的内容简单、具体、明了**。孩子的思维比较简单，理解能力也相对有限，父母给孩子立规矩时，规矩的内容要符合孩子身心发展的规律和特点，力求做到简单、具体、明了，应该明确告诉孩子要怎么做或不能怎么做。必要时，父母还应该跟孩子说明理由。如果规矩内容隐晦难懂，孩子就无法知道父母对他的期望是什么，不知该怎么做，父母给孩子立这样的规矩也就失去了实际意义。

3. **父母给孩子立规矩时，应该符合孩子的个性和身心特点，确保规矩内容的合理性**。规矩是为孩子立的，孩子才是规矩的具体执行人。因此，父母给孩子立规矩时，要符合孩子的实际情况，所立规矩的内容要具有合理性，并且孩子能够理解和接受，要确保孩子在努力之后能够做得到。如果所立的规矩不合理，虽然孩子拼尽了全力，依然无法做到，这样的规矩同样失去了实际意义。

4. **父母应该以身作则，为孩子做表率**。父母想要教育孩子，给孩子立规矩，应以身作则。身教比一切言传更有效。《论语》也说，其身正、不令而行，其身不正、虽令不从。父母是孩子的榜样，父母的一言一行、一举一动，孩子都会看在眼里、记在心上，一有机会就可能进行效仿。父母给孩子立规矩时，应该做到要求孩子做到的，父母首先要带头遵守，给孩子做表率。

5. 父母应该做到奖罚分明。规矩由人制定，要由人遵守。养成一个好的习惯需要一定的时间，父母不能操之过急，要有耐心。同时，要密切关注孩子遵守的情况，孩子遵守得好，要及时表扬、鼓励，强化孩子正确的行为。反之，要及时提醒、警示，必要时，还应该进行相应的处罚，杜绝孩子的错误行为。

父母给孩子立规矩，并不是要控制孩子的行动，而是通过规矩给孩子提供一个安全的框架，让孩子在这个框架之下，可以自由行使自己的权利，更好地保护孩子。父母通过给孩子立规矩，也能有效地减少和孩子之间的摩擦，为良好的亲子关系提供保障。

十六、孩子刚入园，跟父母分别时，总是哭得很伤心，父母应该怎么办

案例

> **陈妈妈：**儿子3岁2个月，刚上幼儿园。每天我们把他送到幼儿园门口，他都不愿意进去，还抱着我不让离开。每次都要跟他说半天的好话，才哭哭啼啼让老师强行把他带进去，看他那个样子，我心里特别难受，双腿像灌了铅似的迈不开步，要等到老师把他带进教室，我才丢了魂似的离开幼儿园。请问孩子上幼儿园，跟父母分别时，总是哭得很伤心，父母应该怎么办？

我相信，几乎所有的父母都遇到过像陈妈妈的这种情况。其实，这是正常现象，每个孩子都会经历这个过程，只是，有的父母入园前的准备工作做得好一些，或孩子的安全感强一些，孩子比较容易适应罢了。

3岁左右的孩子，正处于跟妈妈心理上分离的最后阶段，孩子内心比较矛盾：自己慢慢长大了，想实现跟妈妈心理上分离、走向独立，但真正到了要跟妈妈分离时，又难免会有些不舍。

心理专家指出：父母给予孩子所有的爱，最终的目标都是指向孩子更好地独立的。父母在了解了3岁左右孩子的这种矛盾心理后，就知道该如何实现跟孩子心理上的分离了吧。

1. 父母要给孩子足够的安全感。 通常，安全感越足的孩子，越容易剪断跟妈妈心理上联结的脐带，实现跟妈妈心理上的分离，走向独立。为此，父母要重视对孩子安全感的培养，父母恩爱，对孩子有耐心，态度温和，不对孩子乱发脾气，多抽时间有效陪伴孩子。

2. 父母应该在孩子入园前，提前做足"功课"。 孩子上幼儿园的主要目的是学习"社会化"，这要求孩子首先需要长成一个独立、健康的人。所以入园前，父母应该重点培养孩子的独立能力，比如，有意识地培养孩子自己穿衣、洗漱、喝水、吃饭等能力，孩子生活上越独立，就会越自信，越能适应新环境。同时，父母还要有意识地带孩子到幼儿园参观、玩耍，让孩子看到幼儿园里不仅有很多好玩的玩具和设施，而且还有很多可以一起玩耍的小伙伴，增强幼儿园对孩子的吸引力。

3. 父母应该接纳孩子不愿意与父母分离的情绪。 孩子长期跟妈妈朝夕相处，习惯了妈妈事无巨细的照料，现在突然要离开妈妈，到幼儿园去独立生活，肯定需要一个适应过程。父母应明确告诉孩子："爸妈是爱你的，但你现在长大了，到了该上幼儿园的时候了，所以每天要跟爸妈暂时分开一段时间，等放学后，爸妈就会来接你回家，再陪你一起玩。我们知道爸妈不在你身边时，你心里会难过，但每个人都需要经历这个过程，慢慢就会适应的。"孩子看到父母每天早晨送他去幼儿园，下午放学再把他接回家，渐渐就会习惯这种生活。

4. 父母在把孩子送进幼儿园后，应平静、果断地离开。 孩子虽小，但感知能力却不容小觑。孩子是非常擅长观察父母表情的，如果父母与孩子分离时显得焦虑、难过，孩子很快就能捕捉到父母的这一心态，并利用"哭闹"这一撒手锏来控制父母，以达到不跟父母分离的目的。所以，父母跟孩子分离时，要平静、果断，这样，孩子就能慢慢适应，不再哭闹。

十七、当孩子问"我是哪里来的"时，父母该怎么回答

案例

> **邢妈妈**：女儿3岁，最近她突然问我："妈妈，我是哪里来的？"刚一听，我吓了一大跳，心想这么小的孩子，怎么会突然对这个敏感的问题感兴趣呢？请问父母应该怎么回答孩子这个问题呢？

由于受中国传统文化和传统思想的影响，跟性相关的问题，在大多数中国人眼中是敏感的禁忌话题。当孩子出于好奇问及与性相关的问题时，不少父母会像邢妈妈那样大惊失色、不知所措。

孩子天生具有极强的好奇心，到了一定年龄，他们自然会对自己的身体感兴趣，会问一些诸如"我是哪里来的""为什么男孩站着尿尿，而女孩要蹲着尿尿"等敏感问题。其实，这是正常的，父母大可不必惊慌，应该明白这正是父母对孩子进行性教育的最佳时机，坦然面对、从容应答。

孩子的性教育是个敏感而又不可回避的话题，它关乎孩子的身心健康与发展，不可掉以轻心。那么，父母应该如何回答孩子提出的跟性相关的问题呢？

1. 父母应该坦然面对孩子提出的跟性相关的问题。对于孩子来说，提出"我是哪里来的"之类的跟性相关的问题，就像他们问其他问题一样，大多是出于好奇，父母不能用成人的思维，把孩子想得太复杂，应该坦然面对。父母的态度越自然，孩子就越不会觉得性问题讳莫如深，就能收到正确的信息。必要时，父母还可以借助一些科学绘本图书或是视频等对孩子进行性教育。

2. 父母应该用不同年龄段孩子能理解的方式来回答。 幼儿阶段的孩子问自己是从哪里来的这个问题，父母一般只要回答是妈妈生的就行了。如果孩子接着问下去，那么父母可以说因为爸妈很相爱，爸爸在妈妈身体里种了一颗种子，后来，这颗种子就慢慢变成了小宝宝，小宝宝在妈妈肚子里长大后，再从妈妈肚子里生出来，这样就有了现在的你。要像平时给孩子讲故事一样，避免出现难以理解的术语。

大班或小学低年级阶段的孩子，父母可以像讲故事一样，配上儿童性教育绘本或卡通插图，形象地来说明一颗爱的种子，在妈妈的身体里发生变化的过程。

小学高年级甚至初中，男孩和女孩开始经历身体变化，男孩开始遗精，女孩开始月经初潮。这个时候父母再具体讲精子、卵子、子宫等知识，既方便孩子理解，又能提高性教育的有效性。

3. 父母应该做到孩子问什么就答什么，不多说也不少说。 孩子越小，思维越简单，父母回答孩子的问题时，就应该简单，有一些最基本的信息就可以了，因为，孩子根本就不想知道得那么详细。比如，孩子问"妈妈为什么会长乳房"时，只要回答说"女孩长大了都会长，为将来做妈妈时，给宝宝喂奶做准备。"如果孩子没有继续追问，父母就不必继续讲解更多知识。

4. 父母应该教孩子学会自我保护。 父母应该明确告诉孩子，只有他自己才享有身体的自主权，别人必须尊重他的身体，任何人想要触碰他的身体，尤其是隐私部位，都应该事先征得他的允许；否则，就应该大胆地说"不"，并及时把这种情况告诉父母。这样，就能有效避免孩子遭受性骚扰或性侵害。

对于身体已经发育的孩子，父母还应该从容地跟孩子讲一讲有关避孕的知识，让孩子学会自我保护，避免不必要的麻烦。

总之，父母作为孩子性教育的启蒙老师，应该系统地学习性教育的相关知识，用智慧陪伴孩子健康成长。

十八、孩子与他人发生争执，父母应该怎么处理比较好

案例

刘妈妈：儿子 6 岁，性格活泼开朗，比较顽皮，带他到外面玩耍时，经常会跟其他小朋友发生争执。有时为了小孩争执的事，家长之间还会闹得不愉快。请问孩子之间发生争执，父母应该怎样处理比较好？

像刘妈妈这种情况许多家长肯定都遇到过，不同的父母处理的方式不同：有的父母会马上把自家的孩子带离；有的父母会嘱咐孩子下次不要再和对方玩；有的父母会批评别人的孩子做得不对；还有的父母会教唆自己的孩子下次一定要以牙还牙。凡此种种，都是不正确的。那么，父母遇到自家孩子与别人家孩子发生争执时，应该如何处理呢？

1. 父母应该保持一颗平常心，**不要轻易介入孩子争执**。孩子之间发生争执，大多是由于孩子年龄小，不懂如何表达自己的情感，无法控制自己的行为，缺乏与他人相处方法引起的，一般不涉及原则性问题。对待孩子的争执，父母应该保持一颗平常心，让孩子学会自己去解决冲突，这样更有利于孩子的健康成长。

如果父母一看到孩子跟他人发生争执，就马上介入冲突，且出于本能"袒护"自家孩子、责怪他人，就容易让孩子误以为不论自己做什么，父母都会为他"撑腰"，从而助长孩子的攻击性，使孩子养成欺负弱小的不良习惯。相反，如果一看到孩子与他人发生冲突，就严厉管教，或是看到孩子被人欺负，就直接把孩子带回家，不许孩子再玩耍，或不许孩子哭泣，容易伤害孩子的自尊心，让孩子积压不良情绪，变得胆小懦弱，严重的甚至会损伤孩子的人格，导致孩子遇事不能自己处理。

2. **父母要利用孩子之间发生争执的机会，教育、引导孩子学会人际交往的技巧**。孩子与他人发生争执，往往是孩子在探索和学习与人交往的实践过程，父母

应该利用这个机会，在认真了解发生争执缘由的基础上，做好教育、引导工作，教会孩子正确处理人际关系。如果争执起因在自己孩子身上，父母应该教育孩子学会用语言正确表达自己的情感，而不是用身体冲突的方式来解决问题，让孩子认识到自己的错误，并主动向对方道歉。如果起因在别人身上，父母应该及时安慰孩子，引导孩子或替孩子说出心中的感受，将争执的负面影响降到最低。

3. 父母应该掌握处理孩子之间争执的方式方法，**避免激化矛盾**。父母在处理孩子与他人争执的问题时，要注意把握一个原则：管好自己的孩子，而无权责怪他人。发现自己的孩子与他人发生争执时，父母不要轻易介入，如果问题比较严重，到了非介入不可时，也只能管教自己的孩子，而无权责骂别人的孩子，否则，容易让矛盾升级。

4. 父母应该认识到孩子发生争执，对于孩子成长也有有利的一面。父母应该明白，通过争执，孩子能够逐渐学会与他人如何相处，发生冲突时该如何处理等等，这对孩子日后的为人处世是大有帮助的。

十九、父母离异，如何将其对孩子的负面影响降到最低

案例

吴妈妈：我是单亲妈妈，儿子2岁时，我跟前夫离了婚，儿子判给我抚养。

离婚后，我很担心会给孩子造成巨大的负面影响。请问：我要怎么做，才能将离婚对孩子的负面影响降到最低呢？

毋庸置疑，离婚对于孩子的影响是很大的。和谐的夫妻关系，是父母送给孩子最好的礼物。

您的孩子才2岁，在这么小的孩子眼里，父母就是他们的整个世界，他们害

怕失去其中的任何一个。

对于一个不到3岁的孩子来说，他的自我意识还没有完全形成，对于父母分离的接纳度是很低的。这时，如果父母分开，会严重影响孩子的安全感。

当然，虽然离婚会不可避免地对孩子产生负面影响，但如果夫妻感情确已破裂，为了孩子而勉强凑合在一起，经常吵架或冷战，对于孩子的健康成长也未必有利。所以，父母离婚这件事对于孩子来说也不全是坏事，关键要看离婚后父母对待孩子的态度，双方所采取的措施。如果想将离婚对孩子的负面影响降到最低，父母就应该做到：

1. 跟孩子说明白，父母的离异是父母之间的事，跟孩子无关。孩子是敏感和脆弱的，由于他们年纪小，对事物的认识存在很大的局限性，他们容易将父母离婚归咎到自己身上，误以为是因为自己不好才导致父母分开，容易产生自责和不安，进而影响孩子身心的健康发展。父母应该明确告诉孩子：父母离婚是大人之间的事，跟孩子无关。以前是父母相爱，所以结婚生下了他，现在父母不相爱了，所以需要分开。但分开后，父母依然都爱他，帮助孩子卸下思想包袱。

2. 无论出于什么原因离婚，都不能在孩子面前说另一半的"不是"。孩子是父母双方的"结晶"，孩子身上流淌着父母双方的血液，无论哪一方在孩子面前说另一半的坏话，都等同于让孩子去否定自己身上的另一半，孩子会无所适从，对孩子的健康成长有害无利。

3. 离婚后，父母应该尽量抽时间多跟孩子互动。现实生活中，不少夫妻离婚后，把孩子作为"私有财产"或"报复对方的武器"，不让另一半探视孩子或跟孩子互动，这是极度自私的行为，对于孩子的成长极为不利，还可能会影响孩子以后的婚姻生活。孩子是父母的共同结晶，不论出于什么原因离婚，任何一方都不能拒绝另一方探视孩子或跟孩子互动，而应该摒弃前嫌，创设条件，让孩子跟另一半多接触、互动，让孩子体会到，虽然父母现在不在一起了，但都是爱他的。

二十、父母应该如何帮助孩子戒除网瘾

> **案例**
>
> **田妈妈：**我儿子今年12岁，上小学六年级。儿子本来学习成绩就不太好，我们为了他的学习操碎了心。
>
> 让我们生气的是，最近，他突然迷上了上网打游戏、聊天，经常一上网就是几个小时，如果我们不叫他，他可以不吃饭和不睡觉。
>
> 我们控制他，不让或少让他上网，他还不高兴，跟我们闹别扭，最近跟我们的关系特别僵。为了他上网的事，我们骂也骂了，打也打了，但是没有效果，这样下去他就要废了，我们非常着急，但又无计可施。请问孩子沉迷上网，父母应该怎么帮助孩子戒掉网瘾？

网络成瘾，又称网络成瘾综合征，简称网瘾。临床上是指由于患者对互联网过度依赖而导致的一种心理异常症状。

网络是把"双刃剑"，它给人们的学习、工作和生活带来便利的同时，也容易让人上瘾。网络成瘾不仅会影响孩子的身心健康，还会影响孩子的学习和生活，甚至一些孩子还会因此走上违法犯罪的歧途。

个案中的孩子12岁，正处于青春发育期，即青春叛逆阶段。生理上的快速成熟使他们产生成人感，心理上的发展相对缓慢又使他们的心理仍处于半成熟状态。

成人感使孩子的独立意识强烈起来，他们过高地评估了自己的成熟度，要求人格独立，渴望社会的尊重和信任，渴望与成人社会地位平等，希望摆脱父母的羁绊，有独立自主的决定权。

然而，理想很丰满，现实却很骨感。现实生活中，他们经常会遇到各种矛盾和困难。由于心智不成熟，又缺乏生活经验，自己无力解决，他们希望在精神

上得到成人的理解、支持和保护。同时，他们还会遇到其他许多烦恼和困惑，由于孩子认为父母不能理解他们，对父母的不信任和不满，致使他们将自己的内心世界对父母封闭起来，但他们又渴望有人理解他们，听他们倾诉、跟他们交流。他们学习压力大，但父母又常常不理解他们；他们渴望成功，却又经常遭遇失败，等等。所有的这些矛盾、困难、烦恼和困惑，他们很难依靠自己的力量去解决。

网络是一个虚拟世界，是逃避现实的最佳场所。著名教育专家孙云晓认为：孩子缺乏支持性的人际关系是导致孩子沉迷网络的最主要原因。在虚拟世界里，网络能够满足孩子渴望被人尊重、信任、与成人社会地位平等的愿望，能与人交流、袒露心声、释放压力。现实生活中难以解决的困难、无法实现的愿望，在网络世界都能轻松得以解决和实现，这就是孩子网络沉迷的真正原因。

号准了脉、找到了病因，接下来就可以"对症下药"了。针对孩子上网成瘾的问题，父母应该从以下几个方面入手，帮助孩子摆脱网瘾。

1. 父母应该保持理性，不能打骂孩子，应该耐心查找导致孩子成瘾的原因。发现孩子有了网瘾后，父母应该沉着冷静、保持理性，在态度上淡化孩子上网的问题，不能太焦虑，不能发脾气，更不能打骂孩子，跟孩子发生直接冲突。过度关注只会强化孩子原来的问题。父母应该从家庭氛围、亲子关系、教育方式和孩子自身状况等方面查找导致孩子沉迷上网的原因，为有针对性地帮助孩子戒除网瘾奠定基础。

2. 父母应该通过心理学的"认知疗法"，来帮助孩子戒除网瘾。所谓"认知疗法"是指通过改变思维和行为的方法来改变不良认知，达到消除不良情绪和行为的心理治疗方法。孩子上网成瘾常常是因为没有认识到网瘾的危害性，父母应该有意识地收集孩子因网瘾而造成不良后果的惨痛事例，然后，再结合自己的知识和体会讲给孩子听，让孩子认识到网瘾的危害，增强孩子辨别是非的能力和戒除网瘾的自信心，从而使孩子主动减少上网时间，逐步戒除网瘾。

3. 父母应该通过营造温馨有爱的家庭氛围，来帮助孩子戒除网瘾。通常，有网瘾的孩子，大多是现实生活中父母关系不和、亲子关系不好、沟通交流不畅的孩子。他们缺乏父母的关爱、缺少家庭温暖。父母应该给孩子营造夫妻恩爱、亲子关系融洽、沟通交流顺畅的家庭氛围。同时，父母不能对孩子太严，对孩子的学习要求过高，以免给孩子增加不必要的心理压力。只有孩子觉得现实世界比虚拟世界更有吸引力，孩子才会乐意从网络回到现实，主动戒除网瘾。

4. 父母应该通过帮助孩子树立人生目标，来帮助孩子戒除网瘾。孩子心智不成熟，自控能力差，往往还没有明确的人生目标，网络恰好能够填补他们的精神空虚，满足他们的愿望。另一方面，无所事事也容易上网挥霍时间，容易网络成瘾。父母应该与孩子一道探讨人生，帮助孩子树立人生目标，增强孩子的使命感和责任感，引导孩子把时间、精力用到学习上来，减少孩子上网时间，慢慢帮助孩子戒除网瘾。

5. 父母应该通过转移孩子注意力的方法，来帮助孩子戒除网瘾。孩子天生好奇、好动、好学，父母应该积极培养孩子的兴趣爱好，比如，可以多安排一些亲子活动的时间，与孩子交流、互动，也可以根据孩子的特点安排孩子上一些兴趣班，还可以多带孩子到户外参加体育锻炼，丰富孩子的生活。同时，还应该鼓励孩子多参加一些社交活动和公益活动，与同伴建立友谊，实现和体验自身价值。用丰富多彩的活动，吸引孩子的注意力，充实孩子的生活，减少孩子的上网时间，帮助孩子戒除网瘾。

6. 父母应该通过增强孩子自控力，来帮助孩子戒除网瘾。戒除网瘾不能"因噎废食"，网络也有其积极的一面。戒除网瘾不是让孩子彻底远离网络，而是让孩子有能力把自己的上网时间控制在合理适度的范围内。因此，父母应该通过增强孩子自控力的方法，比如，跟孩子一起制订戒除网瘾计划，内容应包括把电脑放置到便于父母监督的地方，规定每次上网时间、流量，必要的奖惩措施等，通过控制孩子上网环境，来帮助孩子增强使用电脑的自控能力，最终达到帮助孩子戒除网瘾的目的。

网瘾是一种心理疾病，父母在无法依靠自身的力量戒除网瘾的情况下，应该寻求心理咨询专业机构的帮助，尽快帮助孩子戒除网瘾。

Postscript 后　记

感恩和感谢

"众人拾柴火焰高。"一个人的力量是有限的，但集体的力量却是无穷的。

回首往事，在心理学工作者的道路上一路走来，得到了太多单位和朋友、同事的关心、支持和帮助，可以说，没有他们，就不可能有我这本书的诞生。饮水思源，借此机会，我想在这里一一向曾经关心、帮助过我的单位和朋友表示衷心的感谢！

感谢厦门市心理咨询师协会为我的新书作推荐。特别感谢厦门市心理咨询师协会常务副会长、闽师心理教育机构的李春苗博士在百忙之中为我的新书作序。

感谢厦门市妇女联合会，特别是市妇联工会的邓丽萍主席对我新书写作、出版工作的大力支持！

感谢集美大学的巨东红老师、厦门最早的心理咨询师培训机构——厦门市怀众教育科技有限公司的黄铭松老师、虞辉老师、刘芳芳老师、杨少强老师和游一婷老师、德瑞姆（厦门）心理教育机构的黎玲老师、厦门今天心理研究院的刘平超老师、厦门市睿偲教育咨询有限公司的林彩珠老师、厦门咿呀乐早教中心的董学青老师、厦门鹭师堂教育科技有限公司的黄玉宇老师和厦门悦读家绘本生活馆

227

的陈陈老师等多家机构和老师多年以来对我成长进步给予的关心和帮助，为我提供大量真实的个案。

感谢我的心理咨询师同学和厦门市怀众教育科技有限公司、德瑞姆（厦门）心理教育机构的心理咨询师学员积极为我的新书出谋划策，提供宝贵的意见、建议。

感谢《中国新闻社》《福建日报》等中央、省级驻厦新闻媒体和《厦门日报》《厦门晚报》《海西晨报》等本地主流媒体给予我工作的大力支持。特别感谢《海西晨报》专门为我开辟"叶叔聊育儿"专栏，给我提供了一个非常好的成长平台，传播正能量。

感谢我单位的领导和同事在我写作过程中给予我全方位的关心、支持和帮助。

感谢厦门市民立小学、东渡小学、东渡二小的领导、老师，特别是民立小学的蔡梅珍校长、王萍副校长、江彩云副校长；东渡小学的林彩霞校长、黄慧真副校长；东渡二小的王静校长等校领导为我的新书提供大量的个案实例，还要感谢民立小学的学生家长、两个孩子的妈妈朱赋兴女士，她无私地给我提供了许多宝贵的养育"二孩"的实际经验。

正因为一路走来得到了那么多热心人士的关心、支持和帮助，我的新书才得以顺利面世，希望能惠及广大读者。本书是集体智慧的结晶，凝聚了众人的心血和汗水，对此，我将时刻铭记于心。

"滴水之恩，当涌泉相报。" 回报大家最好的方式，就是更认真地学习、更努力地工作，用所学的知识，去帮助更多的人，让更多的家庭更幸福，让社会更和谐。

叶明亮

2017年8月